Bon Ap'
Vos 100 recettes préférées
Les plats les plus gourmands
réunis dans un même livre !

Media Partisans GmbH
Berliner Str. 89
14467 Potsdam Germany

ISBN: 978-3-9821688-3-8

Retrouvez-nous sur :

## www.bonap.fr

Pour chaque recette, scannez le QR Code
et découvrez les étapes en vidéo.

Le voilà enfin ! Bon Ap' lève le voile sur le premier livre de ses plus grands succès désignés par de fins gourmets et connaisseurs. Voici de nouvelles recettes originales et savoureuses, des plats principaux copieux en passant par des snacks malins et des desserts alléchants. Nous n'avons fait aucun compromis, c'est la crème de la crème que vous découvrirez au fil des pages.

Qui le dit ? Le jury le plus exigent, le plus fiable et le plus important à nos yeux : nos fans, qui regardent nos vidéos sur le web des millions de fois et nous restent fidèles. Bon Ap' !

# Plat principal

# Plat principal

# Apéritif & Entrée

# Dessert & Gourmandise

Döner maison
au poulet mariné

Pain de viande garni
à l'avocat et au poivron

Donut de sushi XXL

Ballotins de
crèpes grâtinés

Gâteau de
salade estivale

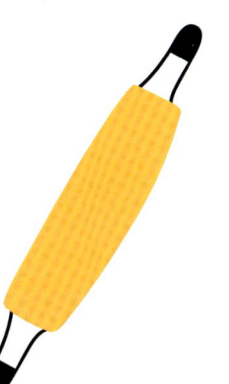

Taupinière de bœuf
au cœur fondant

# Plat principal

Longe de porc et
pommes de terre
croustillantes

Gatizza

# Poulet croustillant aux chips et yaourt

## Ingrédients

2 blancs de poulet
Sel
Poivre
1 sachet de chips au paprika
700 g de yaourt nature
1 c. à c. d'origan
1 c. à c. d'ail en poudre
1 c. à c. de sucre
Huile pour frire

**Pour accompagner :**
De quoi faire une salade
Frites
Ketchup
Mayonnaise
2 brochettes en bois

Préparation : 20 min    Marinade : 2 h
Cuisson en friture : 5 min à 160 °C    2 portions

# Aux fourneaux !

1) Divisez les deux blancs de poulet en plusieurs morceaux, mais ne les coupez pas entièrement. Le mieux est de placer deux brochettes à côté de la viande pour donner une limite de profondeur. Salez et poivrez le poulet.

2) Mélangez l'origan, la poudre d'ail et le sucre avec le yaourt. Placez les blancs de poulet sur une petite plaque à pâtisserie et versez le yaourt dessus. Faites-les mariner pendant deux heures. Une fois le temps écoulé, garder la marinade pour vous en servir comme sauce pour assaisonner une salade que vous pourrez avoir en accompagnement.

3) Ouvrez un coin du sachet de chips et écrasez le paquet avec un rouleau à pâtisserie. Panez les blancs de poulet avec la chapelure de chips.

4) Assemblez les extrémités de chaque blanc de poulet avec une brochette. Faites frire les blancs de poulet 5 minutes dans de l'huile bien chaude.

5) Accompagnez le poulet croustillant de salade. Si vous le souhaitez, vous pouvez également le servir avec des frites, du ketchup et de la mayonnaise.

 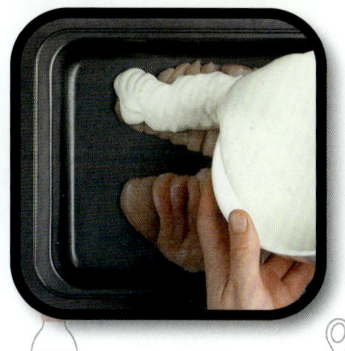  

https://www.bonap.fr/poulet-yaourt-chips/

# Aubergine farcie sur son lit de pommes de terre

## Ingrédients

**Pour la purée
de pommes de terre :**
  1 kg de pommes de terre
  40 g de beurre
  Noix de muscade
  250 ml de lait

**Pour la viande hachée :**
  250 g de viande de bœuf
    hachée
  1 oignon
  2 c. à s. de chapelure
  1 c. à s. de persil
  Sel
  Poivre

**Aussi :**
  1 aubergine
  300 ml de sauce tomate
  100 g de mozzarella
    râpée
Plat à gratin (ø 24 cm)
2 brochettes épaisses

Préparation : env. 45 min   Portions : 5-6
Cuisson au four : 30 min à 160 °C

# Aux fourneaux !

1) Pelez les pommes de terre et faites-les cuire jusqu'à ce qu'elles soient tendres. Écrasez-les ensuite avec du beurre et du lait et ajoutez la muscade. Étalez la purée de pommes de terre dans le plat à gratin.

2) Mélangez la viande hachée avec l'oignon, la chapelure et le persil puis salez et poivrez.

3) Coupez l'aubergine en deux dans sa longueur. Placez deux brochettes de chaque côté des longueurs d'aubergine et tailler des tranches jusqu'à toucher les brochettes.

4) Garnissez maintenant les entailles de viande hachée et placez les aubergines farcies sur la purée de pommes de terre.

5) Versez la sauce tomate sur les aubergines et saupoudrez le tout de mozzarella avant de cuire au four à 160 °C pendant 30 minutes, en mode convection.

https://www.bonap.fr/pdt-et-aubergine-facon-gratin/

# Boulettes de chou-fleur, lard et viande hachée

## Ingrédients

**Pour les boulettes :**
1 chou-fleur
1 c. à s. de sel
(pour l'eau)
800 g de viande de bœuf
hachée
300 g de lard en
tranches
2 œufs
1 oignon ciselé
2 gousses d'ail
1 c. à c. de moutarde
1 c. à s. de paprika
1 c. à s. d'origan
1,5 c. à c. de sel
(pour la viande)
1 c. à c. de poivre moulu
Persil
**Pour la sauce
au fromage :**
400 ml de lait
200 g d'Edam
Sel
Poivre
Noix de muscade

Préparation : env. 30 min    Portions : 7
Cuisson : env. 10 min dans l'eau
+ env. 5 min à la poêle

14

# Aux fourneaux !

1) Faites cuire le chou-fleur dans de l'eau salée pendant environ 5 minutes. Retirez la tige du chou-fleur et coupez les fleurons. Mettez la tige de côté pour l'instant.

2) Mettez la viande hachée dans un bol et ajoutez l'oignon ciselé, le paprika, l'ail, l'origan, la moutarde, le sel, le poivre et les œufs puis mélangez le tout.

3) Enrober le chou-fleur dans environ 2 c. à s. de viande hachée avec votre main. Enroulez ensuite une tranche de bacon autour de la boulette et faites revenir dans une poêle avec de l'huile.

4) Découpez la tige de la tête du chou-fleur mise de côté en petits morceaux et mélangez-la avec l'Edam râpé et le lait dans un bol. Assaisonnez de poivre, de sel et de noix de muscade. Réduisez le tout en purée avec un mixeur manuel.

5) Versez la sauce sur les boulettes de viande dans la poêle et laissez mijoter pendant environ 5 minutes. Saupoudrez les boulettes de persil.

https://www.bonap.fr/boulettes-chou-fleur/

# Mini lasagnes dans des poivrons

## Ingrédients

4 poivrons
 (2 rouges et 2 jaunes)
8 feuilles de lasagnes
 cuites
2 boules de mozzarella
 râpées
250 g de ricotta
80 g de parmesan râpé
Feuilles de basilic
1 œuf
500 g de viande de bœuf
 hachée
1 oignon rouge ciselé
2 gousses d'ail coupées
 en rondelles
400 g de sauce tomate
 pour pizza
Sel
Poivre
Huile pour frire

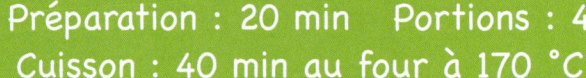

Préparation : 20 min    Portions : 4
Cuisson : 40 min au four à 170 °C

# Aux fourneaux !

1) Coupez le haut des poivrons et retirez le trognon. Mettez les couvercles de côté, vous en aurez besoin à la fin.

2) Faites chauffer de l'huile dans une poêle et faites-y revenir la viande hachée. Ajoutez les oignons, l'ail et la sauce tomate. Salez et poivrez le tout et laissez mijoter jusqu'à ce que la viande soit cuite.

3) Mélangez la ricotta avec l'œuf, les feuilles de basilic et le parmesan râpé.

4) Coupez les feuilles de lasagnes précuites en deux. Remplissez les poivrons avec les différentes couches : une cuillerée de farce à base de viande hachée, une demie feuille de lasagne, une c. à s. du mélange de ricotta, une demie feuille de lasagne. Répétez jusqu'à ce que les poivrons soient pleins. La dernière couche doit être un mélange de viande hachée avec de la mozzarella râpée par dessus.

5) Enfin, placez les couvercles sur les poivrons. Enfournez à 170 °C pendant 40 minutes en mode convection.

https://www.bonap.fr/poivrons-farcis-lasagne/

# Gâteau de fajitas

## Ingrédients

7 tortillas
3 poivrons
(rouge, jaune, vert)
500 g de blanc de poulet
20 g d'oignon rouge
1 c. à c. de paprika
1 c. à c. de cumin
1 c. à c. de piment
de Cayenne
1 c. à c. de sel
100 ml d'huile d'olive
125 g de mozzarella
râpée
125 g de cheddar râpé
100 g d'oignons nouveaux
coupés en rondelles
1 tomate
5 g de coriandre
Plat à gratin
Poêle en fonte
(ø env. 28 cm)

Préparation : 15 min    Portions : 6
Cuisson au four : 15 min à 200 °C + 40 min à 180 °C

# Aux fourneaux !

1) Videz les poivrons, épluchez les oignons et coupez-les en lanières, tout comme le poulet. Mettez le tout dans un saladier, ajoutez le paprika, le sel, le piment de Cayenne, le cumin et l'huile et mélangez bien.

2) Mettez le mélange de poulet aux légumes marinés dans un plat à gratin et enfournez-le à 200 °C pendant 15 minutes, en mode convection.

3) Pendant ce temps, badigeonnez une poêle en fonte d'huile et placez 6 tortillas tout autour, en les interalant, comme pour former une fleur. Étalez la moitié du cheddar et de la mozzarella sur les tortillas au milieu de la casserole.

4) Ajoutez ensuite le mélange de légumes cuits et de poulet dans la poêle. Puis les dés de tomate, les morceaux d'oignons nouveaux, le piment et la coriandre. Saupoudrez maintenant le reste du fromage.

5) Mettez une dernière galette de tortillas sur le dessus et repliez les autre tortillas vers le centre de la poêle. Enfournez le tout à 180 °C pendant 40 minutes, en mode convection.

https://www.bonap.fr/gateau-de-fajitas/

# Tarte de pommes de terre jambon fromage

## Ingrédients

3 kg de pommes de terre
150 ml d'huile d'olive
Gros sel
Gros grains de poivre
350 g de jambon blanc
  en tranches
300 g de fromage râpé
**Pour la crème royale :**
  350 ml de crème liquide
  3 œufs
  Noix de muscade
Moule à charnière
(ø 24 cm)

Préparation : 20 min    Portions : 6-8
Cuisson au four : 15 min à 160 °C + 60 min à 160 °C

# Aux fourneaux !

1) Lavez les pommes de terre et coupez-les en tranches d'environ 0,5 cm d'épaisseur sans les peler.

2) Déposez les tranches sur une plaque de cuisson que vous arrosez ensuite d'huile d'olive. Saupoudrez de gros sel et de poivre. Enfournez le tout pendant 15 minutes à 160 °C, à chaleur tournante. N'éteignez pas le four.

3) Graissez le moule à charnière avec du beurre et déposez les tranches de pommes de terre dans le fond et sur les bords de celui-ci en les intercalants.

4) Déposez 3 tranches de jambon blanc sur les pommes de terre et râpez le fromage par-dessus.

5) Préparez maintenant la crème royale : mettez la crème et les œufs dans un saladier, assaisonnez de sel, de poivre et de muscade râpée.

6) Versez 1/3 du mélange de crème dans le moule à charnière sur le fromage râpé. Déposez à nouveau des tranches de pommes de terre, de jambon et de fromage râpé. Ajoutez le reste du mélange de crème et déposez à nouveau les trois couches. La dernière est constituée de tranches de pommes de terre. Placez ensuite le moule dans le four à 160 °C pendant 60 minutes, à chaleur tournante.

https://www.bonap.fr/tarte-aux-pdt/

# Mini dômes de macaronis à la bolognaise

## Ingrédients

**Pour les boulettes :**
250 g de viande de bœuf hachée
Sel
Poivre
1 c. à c. d'origan
env. 50 g de fromage râpé

**Pour les pâtes :**
4 œufs
200 g de fromage râpé
3 c. à s. de farine
Poivre
Noix de muscade
300 g de macaronis
4 c. à s. de parmesan râpé

**Pour la sauce tomate :**
400 ml de sauce tomate avec des morceaux
1 petit oignon coupé en dés
1 gousse d'ail finement hachée
50 ml de vin rouge
1 c. à c. de romarin
1 c. à c. de thym
Sel
Poivre
Persil

Préparation : 10 min    Portions : 4
Cuisson : 35 min au four à 175°C
+ 30 min à mijoter    Repos : 1 h au frais

22

# Aux fourneaux !

1) Faites cuire les pâtes al dente. Pendant ce temps, assaisonnez la viande hachée avec l'origan, le sel et le poivre. Coupez la masse de viande en quatre, applatissez chaque pièce, ajoutez-y un peu de fromage au centre et façonnez la viande en une boulette.

2) Mélangez les œufs avec le fromage et la farine. Assaisonnez avec du sel, du poivre et la noix de muscade.

3) Mélangez les pâtes cuites avec le mélange fromage-œufs. Tapissez quatre petits bols de film alimentaire, déposez quelques pâtes au fromage et placez une boulette de viande farcie au milieu que vous recouvrez de pâtes. Repliez le film alimentaire et pressez légèrement. Laissez reposer au réfrigérateur pendant environ 1 heure.

4) Une fois le temps de repos écoulé, retirez le film alimentaire et déposez les dômes de pâtes sur une plaque de cuisson recouverte de papier sulfurisé. Saupoudrez les dômes de parmesan et enfournez 35 minutes à 175 °C à chaleur tournante, jusqu'à ce qu'elles soient dorées.

5) Pendant ce temps, faites revenir l'ail et les oignons dans l'huile. Déglacez avec du vin rouge, puis ajoutez la sauce tomate et les épices. Laissez mijoter pendant environ 30 minutes et assaisonnez avec du sel et du poivre. Avant de servir, étalez de la sauce tomate et du persil frais sur chaque dôme de pâtes.

https://www.bonap.fr/domes-pates-viande/

# Cake fondant de pommes de terre et viande hachée

## Ingrédients

5 grosses pommes de terre
150 g de fromage en tranches
1 c. à s. d'huile d'olive
1 oignon
1 gousse d'ail
500 g de viande hachée
2 c. à c. de paprika
1 boîte (395 g) de tomates concassées
1 c. à c. de poivre
1 c. à c. de sel
240 g d'épinards frais
2 c. à s de persil
Moule à cake
(env. 30 cm x 11 cm)

Préparation : 20 min    Portions : 8
Cuisson : 10 min à mijoter + 70 min au four à 185 °C

# Aux fourneaux !

1) Faites chauffer de l'huile dans une poêle et faites revenir les oignons et l'ail. Ajoutez la viande hachée et assaisonnez de paprika. Viennent ensuite les tomates concassées, le sel, le poivre et enfin les épinards. Laissez mijoter une dizaine de minutes.

2) Pendant ce temps, pelez et coupez les pommes de terre en tranches fines. Tapissez le fond et les côtés du moule, préalablement recouvert de papier sulfurisé, en intercalant les tranches. Recouvrez ensuite avec le fromage.

3) Déposez une partie du mélange sur le fromage dans le moule. Recouvrez la viande hachée de tranches de pommes de terre et mettez une autre couche de fromage par-dessus.

4) Répétez l'opération jusqu'à atteindre le haut du moule en terminant par une couche de pommes de terre. Ajoutez des tranches sur les côtés si nécessaire.

5) Enfournez pendant 70 minutes à 185 °C, en mode convection. Laissez refroidir brièvement et retournez le plat pour démouler. Saupoudrez de persil avant de servir.

https://www.bonap.fr/gratin-dans-moule-a-cake/

# Tafelspitz

## Ingrédients

1,5 kg de bœuf
Gros sel
Poivre noir
1 c. à s. de paprika
100 ml d'huile d'olive
**Pour la garniture :**
  350 g de mozzarella
  120 g de bacon
  1 poivron rouge
  2 oignons
  1 c. à c. d'origan
**Pour la sauce :**
  300 ml de vin rouge
  2 c. à s. de confiture
  de prunes
  1 pincée de sel
  1 pincée de poivre
  de Cayenne

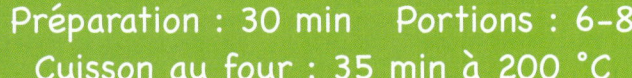

Préparation : 30 min    Portions : 6-8
Cuisson au four : 35 min à 200 °C

# Aux fourneaux !

1) Faites revenir brièvement le bœuf des deux côtés dans une poêle avec de l'huile. Coupez une tranche de l'extrémité la plus large et insisez l'intérieur de la viande pour l'ouvrir en son milieu.

2) Retournez la viande de façon à ce que la chair crue se retrouve à l'extérieur. Faites attention à ne pas la déchirer.

3) Coupez les oignons, le poivron et le bacon et faites-les revenir dans une poêle. Versez le tout dans un saladier, ajoutez la mozzarella et assaisonnez d'origan. Insérez cette garniture dans la viande que vous refermez avec des cure-dents. Massez ensuite la viande des deux côtés avec de l'huile d'olive, du paprika, du gros sel et du poivre.

4) Enfournez la viande pendant 35 minutes à 200 °C. Laissez reposer pendant 10 minutes. Pour la sauce, faites mijoter le vin puis ajoutez le reste des ingrédients et remuez bien. Laissez cuire pendant 5 minutes puis retirez du feu une fois le mélange épaissi.

  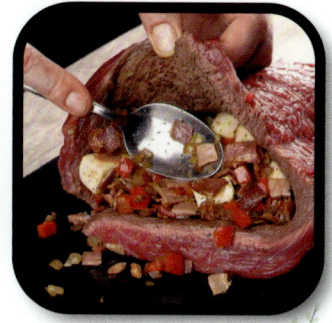 

https://www.bonap.fr/tafelspitz/

# Savarin montagnard

## Ingrédients

1 kg de pommes de terres, cuites et épluchées
80 g de farine
1 œuf
60 g de beurre fondu
150 g de parmesan râpé
Sel
Poivre
300 g de jambon cru
250 g de fromage de montagne coupé en dés (votre préféré)
Moule à savarin

Préparation : 30 min    Portions : 6-8
Cuisson au four : 35 min à 160 °C

# Aux fourneaux !

1) Dans un saladier, écrasez grossièrement les pommes de terre en purée à l'aide d'une fourchette. Ajoutez la farine, l'œuf, le beurre fondu, le parmesan râpé, le sel et le poivre et mélangez bien.

2) Dans un moule à savarin, disposez le jambon cru de façon à ce qu'une tranche recouvre le bord intérieur, le fond et le bord externe du moule.

3) Une fois que vous avez fait le tour du moule, ajoutez une couche du mélange de pommes de terre. Aplatissez-le bien à l'aide du dos d'une cuillère à soupe puis creusez une petite tranchée dans la couche de pommes de terre pour y insérer les cubes de fromage.

4) Recouvrez la tranchée de fromage par une nouvelle couche de pommes de terre et déposez dessus une nouvelle couche de jambon cru pour refermez. Enfournez 35 minutes à 160 °C.

https://www.bonap.fr/savarin-montagnard/

# Bolo façon gratin et roulés de viande

## Ingrédients

500 g de viande hachée
1 c. à s. de thym
1 c. à s. de romarin
1 c. à s. de piment
en poudre
2 c. à s. d'origan
2 c. à s. de paprika
Sel
Poivre

**Aussi :**

300 g de spaghettis
2 gousses d'ail
1 oignon
1 poivron vert
1 poivron jaune
300 ml de vin rouge
600 ml de sauce tomate
2 c. à s. d'huile d'olive
250 g de mozzarella
râpée

Préparation : 20 min    Portions : 4
Cuisson au four : 30 min à 180 °C

# Aux fourneaux !

1) Assaisonnez d'abord la viande hachée avec le thym, le romarin, le piment en poudre, l'origan, le paprika, le sel et le poivre et mélangez le tout.

2) Divisez la viande hachée et les spaghettis en 4 portions. Façonnez ensuite la viande hachée autour des spaghettis non cuits de façon à ce que les pâtes dépassent à l'avant et à l'arrière de la viande. Faites-les revenir à la poêle avec l'huile d'olive pour faire cuire l'extérieur de la viande.

3) Coupez les oignons, l'ail et les poivrons en petits morceaux et ajoutez-les à la viande sur le feu avec le vin rouge et la sauce tomate. Saupoudrez la mozzarella râpée sur le dessus et laissez mijoter quelques minutes. Placez enfin le plat dans le four à 180 °C pendant 30 minutes, à chaleur tournante.

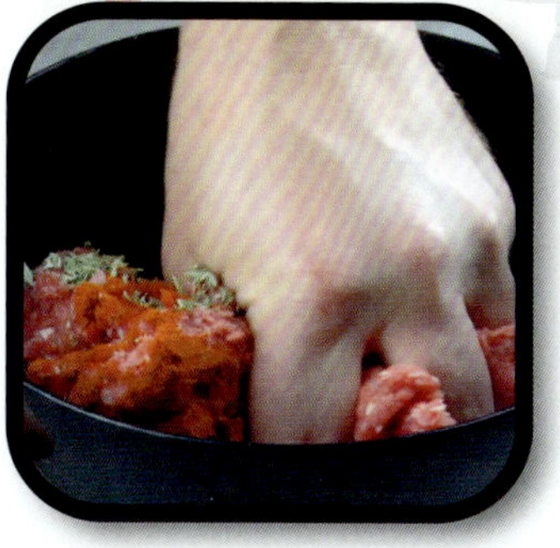

https://www.bonap.fr/bolo-facon-gratin/

# Boules de pommes de terre farcies à la viande

## Ingrédients

2 gousses d'ail
1 oignon
500 g de viande hachée
200 g d'épinards
7 pommes de terre
2 œufs
60 g de parmesan
300 g de cheddar
Sel
Poivre

Préparation : 45 min   Cuisson : 35 min au four à 190 °C
Repos : 30 à 60 min au frais   Portions : 4

# Aux fourneaux !

1) Pelez les pommes de terre et râpez-les grossièrement. Mettez-les ensuite dans un torchon propre pour en extraire le jus. Versez les pommes de terre râpées dans un saladier. Ajoutez les œufs, le sel, le poivre et le parmesan et mélangez bien.

2) Hachez finement l'oignon et l'ail et faites-les revenir dans une poêle avec le sel, le poivre, la viande hachée et les épinards.

3) Mettez du film alimentaire au fond d'un bol. Étalez une partie des pommes de terre râpées sur les parois et pressez le mélange à l'aide d'une cuillère. Saupoudrez le cheddar râpé sur le dessus, ajoutez un peu du mélange de viande hachée et râpez à nouveau du cheddar.

4) À l'aide du film alimentaire, retirez le tout du bol et formez une boule. Répétez jusqu'à finir les ingrédients.

5) Réservez au frais pendant 30 à 60 minutes avant de les déposer sur une plaque de cuisson. Enfournez à 190 °C pendant 35 minutes à chaleur tournante.

https://www.bonap.fr/boules-pdt-farcies-a-la-viande/

# Bœuf Wellington

## Ingrédients

De l'huile végétale
1 kg de filet de bœuf
Sel
Poivre
Du romarin
1 pâte brisée
10 tranches de bacon
500 g d'épinards frais
 ou surgelés
1 jaune d'œuf

Préparation : env. 20 min    Portions : 6-8
Cuisson au four : 30 min à 180 °C

34

# Aux fourneaux !

1) Faites rouler le filet de bœuf sur une planche de bois parsemée de sel, poivre et romarin. Faites-le ensuite revenir sur chaque face dans une poêle chaude avec de l'huile pendant 2 minutes. Laissez tiédir.

2) Pendant ce temps, faites cuire les épinards et assaisonner-les.

3) Déroulez la pâte brisée et positionnez les tranches de bacon se chevauchant les unes aux autres, au milieu de la pâte, en laissant une marge sur les deux petits côtés et l'un des grands côtés. Posez par dessus la couche d'épinards cuits.

4) Étalez du jaune d'œuf sur les bords de la pâte, afin qu'ils restent collés ensemble lors de la cuisson. Posez le filet de bœuf sur l'un des bords les plus longs de la pâte et roulez le tout. Refermez ensuite la pâte brisée proprement en pliant les bords en dessous. Badigeonnez ensuite le rôti feuilleté de jaune d'œuf.

5) Avec un couteau, occupez-vous de l'aspect général : sur le dessus, striez la pâte de traits en diagonale, dans un sens puis dans l'autre. Faites cuire au four pendant 30 minutes à 180 °C.

https://www.bonap.fr/boeuf-wellington-epinards/

# Sandwich de lasagnes

## Ingrédients

Un pain ciabatta
4 c. à s. d'huile d'olive
1 gousse d'ail hachée
1 c. à s. de persil frais haché
6 feuilles de lasagnes précuites
150 ml de sauce béchamel
150 g de mozzarella râpée

**Pour la sauce bolognaise :**
De l'huile d'olive pour la cuisson
1 oignon ciselé
350 g de viande hachée
1 c. à c. de paprika
1 c. à s. d'origan séché
Sel
Poivre
200 ml de sauce tomate

Préparation : env. 20 min    Portions : 6-8
Cuisson au four : 25 min à 190 °C

# Aux fourneaux !

1) Découpez un long rectangle dans le haut du pain ciabatta et enlevez la mie pour faire une sorte de tranchée.

2) Dans un saladier, mélangez l'huile d'olive, l'ail et le persil et badigeonnez le mélange au fond du pain à l'aide d'un pinceau de cuisine. Au-dessus, déposez des feuilles de lasagnes sur toute la longueur et coupées aux bonnes dimensions pour qu'elles rentrent dans le pain.

3) Pour la bolognaise, faites chauffer un peu d'huile dans une poêle et revenir l'oignon avant d'ajouter la viande. Faites cuire un instant et ajoutez les épices. Complétez enfin avec la sauce tomate et mélangez bien le tout.

4) Déposez à présent la moitié de la sauce bolognaise sur les feuilles de lasagnes. Par-dessus, versez la moitié de la sauce béchamel et saupoudrez de mozzarella. Recommencez une nouvelle fois : une couche de bolognaise, de béchamel, de mozzarella. Enfournez à 190 °C pendant 25 minutes.

https://www.bonap.fr/sandwich-de-lasagnes/

# Pâtes forestières aux boulettes de viande

## Ingrédients

500 g de viande hachée
De l'huile pour la cuisson
1 oignon émincé
200 g de champignons de
 Paris coupés en quartiers
Sel
Poivre
300 ml de bouillon de
 légumes
150 ml de crème liquide
200 g de mozzarella
 râpée
300 g de pâtes coquilles
 cuites

Une poêle allant au four,
à défaut un plat à gratin

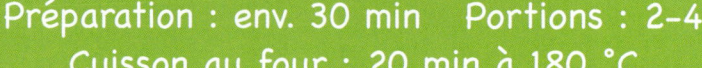

Préparation : env. 30 min    Portions : 2-4
Cuisson au four : 20 min à 180 °C

# Aux fourneaux !

1) Préparez des boulettes de viande hachée avec vos mains et faites-les cuire dans une poêle légèrement huilée. Lorsque les boulettes sont cuites, réservez-les dans un plat mais gardez la poêle avec son jus.

2) Dans la même poêle vide, mettez l'oignon, les champignons, assaisonnez de sel et de poivre et faites cuire un instant. Ajoutez ensuite le bouillon de légumes, la crème liquide et remuez bien.

3) Versez la mozzarella râpée dans la sauce et remuez pour que le fromage fonde dans la crème. En fin de cuisson, ajoutez les pâtes déjà cuites, puis les boulettes et remuez le tout.

4) Saupoudrez d'une poignée de mozzarella et enfournez pour 20 minutes à 180 °C (directement dans la poêle si elle peut passer au four, sinon dans un plat prévu à cet effet).

https://www.bonap.fr/pates-forestieres-boulettes/

# Ballotins de crèpes grâtinés

## Ingrédients

**Pour la pâte à crèpes :**
3 œufs
200 g de farine
350 ml de lait tiède
50 g de beurre fondu
1 pincée de sel

**Pour la garniture :**
3 blancs de poulet
150 g de fromage blanc
150 g de maïs
10 tomates cerises
 coupées en quartiers
20 g de persil haché
Sel
Poivre

**En plus :**
100 g de fromage frais
9 tranches de fromage
Plat à gratin

Préparation : env. 45 min    Portions : 9
Cuisson au four : 20 min à 180 °C

# Aux fourneaux !

1) Mélangez tous les ingrédients de la pâte à crêpes dans un saladier jusqu'à obtenir une consistance sans grumeaux. Faites dorer les crêpes à la poêle. Les proportions vous permettent de préparer 9 crêpes. Réservez.

2) Faites revenir les blancs de poulet à la poêle, assaisonnez de sel et poivre. Lorsqu'ils sont cuits, émincez la viande dans un saladier où vous ajoutez le fromage blanc, le maïs, les tomates cerises et le persil haché. Mélangez bien le tout.

3) Déposez deux cuillères à soupe de garniture au milieu d'une crêpe. Repliez les côtés de la crêpe sur le milieu, ainsi que le haut et le bas pour obtenir un petit carré. Recommencez avec toutes les crêpes jusqu'à terminer toute la garniture.

4) Placez vos ballotins de crêpes dans un plat à gratin. Tartinez sur le dessus du fromage frais et déposez une tranche de fromage au-dessus de chaque crêpe. Enfournez pendant 20 minutes à 180 °C.

https://www.bonap.fr/gratin-de-crepes/

# Poulet miel balsamique

## Ingrédients

6 pommes de terre moyennes
50 ml d'huile d'olive
Sel et poivre
Quelques branches de romarin

**Pour la marinade :**
80 ml de vinaigre balsamique
50 ml d'huile d'olive
5 c. à s. de miel
Sel
2 gousses d'ail hachées
1/2 c. à c. de poudre de Chili
1 c. à s. de thym haché

**En plus :**
2 blancs de poulet
200 g de haricots verts
10 tomates cerises coupées en deux

Préparation : env. 1 h   Marinade : 1 h   Portions : 2
Cuisson au four : 20 min à 160 °C + 30 min à 180°C

# Aux fourneaux !

1) Lavez et coupez les pommes de terre en quartiers. Déposez-les sur une plaque allant au four, arrosez de 50 ml d'huile d'olive. Assaisonnez de sel et de poivre et ajoutez des branches de romarin avant d'enfourner 20 minutes à 160 °C.

2) Pour la marinade, mélangez tous les ingrédients dans un saladier et remuez. Ajoutez les blancs de poulet dans le saladier et laissez mariner une heure.

3) Une fois la cuisson des pommes de terre terminée, sortez-les du four et ajoutez les haricots verts directement sur la plaque ainsi que les tomates cerises découpées. Lorsque la viande a fini de mariner, ajoutez les blancs de poulet dans le plat et versez la marinade par-dessus. Enfournez pour 30 minutes à 180 °C.

https://www.bonap.fr/poulet-miel-balsamique/

# Gâteau de salade estivale

## Ingrédients

**Pour le gâteau :**
- 8 grosses feuilles de laitue
- 3 tortillas
- 1/2 concombre
- 5 œufs durs
- Feuilles de laitue coupées en fines lanières
- 1 botte de radis
- 150 g de jambon blanc
- 1 poivron jaune
- 3 tomates
- 150 g de cheddar

**Pour la vinaigrette :**
- 150 g de fromage frais
- 150 g de crème fraîche
- 1 c. à s. de miel
- 1 c. à s. de moutarde
- 2 gousses d'ail
- 1 c. à s. de vinaigre blanc
- 100 ml de lait
- Sel
- Poivre

**Pour la déco :**
- Persil
- Moule à charnière (ø 26 cm)

Préparation : env. 20 min   Repos : 1 h 30 min   Portions : 4

# Aux fourneaux !

1) Placez le moule à charnière sur votre plan de travail et disposez les feuilles de laitue en cercle de manière à ce qu'elles recouvrent complètement les bords et se chevauchent.

2) Disposez tous les ingrédients sur la salade : placez une tortilla sur le fond, puis les tranches de concombre en cercle par-dessus. Déposez ensuite les œufs coupés en tranches et une autre tortilla. Mettez les lanières de salade, les tranches de radis, de jambon, de poivron jaune, de tomates et encore de la salade. Pour finir, ajoutez une dernière tortilla que vous recouvrez de tranches de cheddar. Mettez le tout au frais pendant 1 h 30.

3) Pour la vinaigrette, il suffit de mélanger tous les ingrédients dans un mixeur.

4) Retirez délicatement le bord du moule pour découvrir votre gâteau à salade et saupoudrez de persil haché si vous le souhaitez. Chaque morceau est garni d'une louche de sauce.

https://www.bonap.fr/gateau-de-salade/

# Döner maison au poulet mariné

## Ingrédients

**Pour la marinade :**
1 kg de yaourt nature
1/2 c. à s. de paprika
1/2 c. à s. de cumin
1/2 c. à s. de poivre
1/2 c. à s. de piment
  de Cayenne
1 c. à s. de persil
2 gousses d'ail
1 c. à s. de sel
Le jus de la moitié
  d'un citron

**Pour la brochette
de kebab :**
20 filets de blancs de
  poulet (env. 8 kg)
1/2 oignon
1/2 tomate

**Aussi :**
6 tortillas
200 ml de sauce au
  yaourt aux herbes
1 oignon rouge
1/2 concombre coupé
  en tranches
1/2 tomate coupée
  en tranches
1/4 de laitue iceberg
  coupée en fines lamelles
Pic à brochette (assez
épais, longueur : 24 cm)

Préparation : env. 30 min    Marinade : 2 h
Cuisson au four : 2 h 30 min à 150 °C

# Aux fourneaux !

1) Versez d'abord le yaourt dans un grand saladier, ajoutez toutes les épices l'une après l'autre, le sel et l'ail. Pressez ensuite le jus d'un demi-citron dedans et mélangez bien le tout.

2) Faites une entaille dans chaque blanc de poulet pour le diviser en deux, comme pour faire deux escalopes fines, sans les séparer complétement. Déposez ensuite la viande dans la marinade pendant 2 heures. Couvrez le saladier avec un film alimentaire.

3) Déposez la moitié de l'oignon avec le côté plat vers le bas sur une extrémité du pic à brochette. Placez ensuite la brochette sur une plaque à pâtisserie à la verticale. Maintenant, empilez tous les blancs de poulet l'un après l'autre sur la brochette. Déposez la moitié de la tomate sur le dessus de la brochette et faites cuire au four à 150 °C pendant 2 h 30.

4) Préparez maintenant le premier döner : faites légèrement griller une tortillas, placez-la sur un morceau de papier aluminium et étalez de la sauce au yaourt sur toute la surface. À l'aide d'un couteau aiguisé, cisaillez de petits morceaux de kebab et placez-les au milieu de la tortilla. Ajoutez ensuite l'oignon, la laitue iceberg, le concombre et les tomates sur le dessus. Il ne vous reste plus qu'à enrouler fermement le kebab avec le papier d'aluminium.

https://www.bonap.fr/doner-maison/

# Gnocchis crémeux de citrouille et pommes de terre

## Ingrédients

**Pour les gnocchis :**
700 g de citrouille
400 g de pommes de terre farineuses
100 g de farine
100 g de chapelure
100 g de parmesan râpé
3 jaunes d'œufs
Noix de muscade
Sel
Poivre
1 c. à s. d'huile d'olive au besoin

**Pour la sauce :**
50 g cubes de jambons
400 ml de crème
80 g de parmesan râpé
Poivre
Basilic et fromage râpé pour la décoration

Préparation : env. 30 min    Portions : 4
Cuisson au four : 1 h à 160 °C

48

# Aux fourneaux !

1) Coupez la citrouille en quatre et retirez les graines. Enfournez ensuite les quartiers avec les pommes de terre pendant 1 h à 160 °C.

2) Laissez refroidir brièvement les morceaux de citrouille et les pommes de terre et épluchez ces dernières. Mettez la chair de la citrouille dans un bol. Ajoutez les pommes de terre et écrasez-les avec la farine, la chapelure, le parmesan et les jaunes d'œufs pour obtenir un mélange homogène. Assaisonnez de noix de muscade, sel et poivre.

3) Divisez votre appareil en quatre parts et faites-en des rouleaux. Coupez-les ensuite en morceaux d'environ 1 à 2 cm de large.

4) Façonnez chaque morceau en boule et pressez-les à l'aide d'une fourchette pour en faire des gnocchis. Faites-les ensuite cuire dans de l'eau salée pendant 3 minutes.

5) Pour la sauce, faites dorer les cubes de jambon dans une poêle. Ajoutez la crème et laissez réduire de moitié. Incorporez le parmesan à la sauce, mais veillez à ce que la sauce ne bout pas, puis assaisonnez avec du poivre.

6) Pour finir, faites revenir les gnocchis des deux côtés dans une poêle et servez avec la sauce. Garnissez le tout de fromage râpé et de basilic.

https://www.bonap.fr/gnocchis-citrouille/

# Longe de porc et pommes de terre croustillantes

## Ingrédients

2 kg de longe de porc

**Pour la marinade :**
255 g de miel
120 ml de jus d'orange
120 ml de sauce soja
140 ml de sauce au piment doux
50 g de sucre muscovado
1 c. à c. de moutarde
2 c. à s. de paprika
1 c. à s. d'oignon en poudre
1/4 de c. à s. de cannelle
1 c. à s. de gingembre finement haché
2 gousses d'ail finement hachées

**Pour les pommes de terre :**
400 ml d'huile
1,5 kg de petites pommes de terre
1 tête d'ail
2-3 branches de romarin
Sel
Poivre
Ficelle alimentaire
Plat à gratin

Préparation : env. 5 min   Marinade : 30 min
Cuisson : 20 min. à la poêle + 20 min. au four à 200 °C
Portions : 4 à 6

50

# Aux fourneaux !

1) Attachez la longe de porc avec de la ficelle alimentaire et placez-la dans un plat à gratin.

2) Pour la marinade : mélangez les ingrédients et versez-les sur la viande ; laissez tremper la longe de porc pendant 30 minutes.

3) Sortez la viande marinée du plat et faites-la brièvement dorer à la poêle. Quand elle est croustillante, versez le reste de la marinade sur la viande et laissez mijoter pendant environ 20 minutes à feu doux ; versez régulièrement la marinade sur la viande afin qu'elle ne se dessèche pas.

4) Placez ensuite la longe de porc marinée dans le four pendant 20 minutes à 200 °C en mode convection ; continuez à verser la marinade à plusieurs reprises sur la viande pendant la cuisson.

5) Coupez les pommes de terre en deux et faites-les frire dans l'huile chaude avec les branches de romarin et une tête d'ail coupée en deux jusqu'à ce qu'elles soient dorées. Une fois cuites, sortez-les de la casserole et essuyez-les avec un torchon ou du papier essui-tout. Assaisonnez avec du sel et du poivre.

6) Après avoir sorti le rôti du four, réduisez le reste de la marinade en sauce.

https://www.bonap.fr/roti-longe-porc/

# Effiloché de bœuf et spirales de pommes de terre

Préparation : env. 45 min   Repos : 1 h
Cuisson : 5 h au four à 140 °C
+ 25 min à 180 °C + 5 min à 180 °C
Portions : 6

## Ingrédients

**Pour la viande :**
Env. 2,5 kg de côtes de bœuf, avec os
1 c. à s. de sel
1 c. à s. de paprika doux
1/2 c. à s. de poivre
200 g de lardons
2 oignons
4 gousses d'ail
400 g de champignons bruns
2 branches de thym
1 c. à s. de concentré de tomates
400 ml de vin rouge
500 ml de bouillon de viande

**Pour la pâte à tarte :**
500 g de farine
135 ml d'eau
1 œuf
1/2 c. à c. de sel

**Pour le mélange de pommes de terre :**
1,5 kg de pommes de terre cuites et épluchées
60 g de parmesan
100 g de fromage râpé
3 œufs
90 ml de crème
1 c. à c. de sel

Faitout
Plat à gratin
Papier d'aluminium

## Aux fourneaux !

1) Recouvrez la viande de sel, de paprika et de poivre. Faites-la frire des deux côtés dans un faitout avec de l'huile puis réservez.

2) Dans le même récipient, faites revenir les lardons avec les oignons ciselés et l'ail haché. Ajoutez ensuite les champignons, le thym et le concentré de tomates.

3) Remettez maintenant les côtes de bœuf, déglacez le tout avec du vin rouge et du bouillon de viande, puis enfournez à couvert avec du papier d'aluminium à 140 °C, à chaleur tournante, pendant environ 5 heures ; arrosez la viande à intervalles réguliers avec un peu de jus pour la rendre encore plus tendre.

4) Environ 2 h avant la fin de la cuisson, préparez la pâte à tarte. Pétrissez tous les ingrédients dans un saladier et laissez reposer au réfrigérateur environ 1 heure. Ensuite, étalez-la et placez-la dans un plat à gratin ; coupez l'excédent de pâte. Faites-la cuire pendant 25 minutes dans un four à 180 °C, en mode convection.

5) Pour la purée de pommes de terre, mettez tous les ingrédients dans un saladier et écrasez-les pour obtenir un mélange lisse. Versez-la ensuite dans une poche à douille avec un bec en forme d'étoile.

6) Retirez l'os de la viande dès que vous l'avez sortie du four. Effilochez-la avec deux fourchettes. Mettez-la ensuite sur la pâte à tarte précuite, dans le plat à gratin. Ajoutez des spirales de pommes de terre sur l'ensemble du plat. Remettez le tout au four pendant 5 minutes à 180 °C, en mode convection.

**Conseil** mettez du papier sulfurisé sur la pâte et pesez-la, par exemple avec des pois chiches secs, pour qu'elle ne monte pas de façon irrégulière.

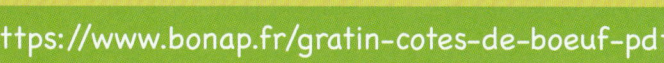

https://www.bonap.fr/gratin-cotes-de-boeuf-pdt/

# Matambre

## Ingrédients

**Pour la sauce chimichurri :**
60 ml d'huile d'olive
5 gousses d'ail hachées
10 g de coriandre hachée
10 g de persil haché
1/2 c. à c. de sel
1/2 c. à c. de poivre du moulin
1/4 c. à c. de flocons de piment

**Pour les roulés :**
1 kg de Rumsteck
2 œufs durs, coupés en 4
1/2 poivron rouge, taillé en lamelles
1/2 poivron vert, taillé en lamelles

**Pour la garniture :**
1 kg de pommes de terre pré-cuites
4 c. à s. d'huile d'olive
Sel
Poivre
Faitout
Ficelle alimentaire
Plat allant au four

Préparation : env. 20 min    Portions : 6
Cuisson au four : 25 min à 160 °C

# Aux fourneaux !

1) Préparez la sauce chimichurri : hachez finement l'ail, la coriandre et le persil et mélangez le tout avec de l'huile d'olive, du sel, du poivre et des flocons de piment. Aplatissez le rumsteck et étalez la sauce chimichurri dessus.

2) Répartissez les quarts d'œufs durs sur 3 rangées uniformément espacées sur la viande. Coupez les poivrons en lanières et placez-les de chaque côté des œufs.

3) Roulez la viande pour envelopper toute la garniture. Attachez-la avec de la ficelle pour qu'elle ne s'ouvre pas pendant la cuisson. Sallez et poivrez la viande avant de la faire frire de tous les côtés dans le faitout avec de l'huile, jusqu'à ce qu'elle ait une enveloppe croustillante.

4) Coupez les pommes de terre en quartiers et faites-les mariner dans l'huile avec du sel et du poivre. Ajoutez-les ensuite à la viande et enfournez le tout à 160 °C pendant 25 minutes, en mode convection.

https://www.bonap.fr/matambre-chimichurri/

# Boulette de viande au cœur fondant

## Ingrédients

**Pour les pommes de terre :**
5 pommes de terre de taille moyenne
20 ml d'huile d'olive
Sel
Poivre
100 g de fromage
50 ml de crème liquide

**Pour la viande hachée :**
500 g de viande hachée fine
1 c. à c. de sel
1/2 c. à c. de poivre
100 ml de crème
1 œuf
40 g de chapelure

**Aussi :**
10 tranches de pain de mie

Préparation : env. 20 min   Portions : 5
Cuisson au four : 25 min à 180 °C + 10 min à 150 °C

# Aux fourneaux !

1) Épluchez et coupez les pommes de terre en deux dans le sens de la longueur. Placez-les sur une plaque de cuisson recouverte de papier sulfurisé, arrosez-les d'huile d'olive et assaisonnez de sel et poivre. Placez la plaque de cuisson dans le four à 180 °C pendant 25 minutes, en mode convection (les pommes de terre doivent être molles).

2) Empilez les tranches de pain de mie les unes sur les autres et coupez-les en cubes d'environ 0,5 cm x 0,5 cm. Étalez-les ensuite sur une plaque de cuisson et laissez-les sécher dans le four à 150 °C pendant environ 10 minutes, à chaleur tournante.

3) Laissez les moitiés de pommes de terre refroidir un peu puis creusez-les avec une cuillère. Mettez la chair dans un saladier et mélangez avec la crème et le fromage. Remettez ce mélange dans les moitiés de pommes de terre.

4) Mettez à nouveau deux moitiés de pommes de terre l'une sur l'autre et pressez-les ensemble.

5) Mettez la viande hachée, la chapelure, l'œuf, la crème, du sel et du poivre dans un saladier et mélangez le tout.

6) Enveloppez chaque pomme de terre du mélange de viande en pressant bien. "Trempez" les boules dans les croûtons et faites-les frire dans de l'huile chauffée à environ 160 °C.

https://www.bonap.fr/pommes-de-terre-farcies-viande/

# Chou-fleur farci et purée de pommes de terre

## Ingrédients

1 chou-fleur
1 c. à c. de concentré
 de tomates
1 œuf
1 c. à s. de paprika

**Pour la viande hachée :**
 500 g de viande hachée
 1 oignon rouge
 1 c. à s. de chapelure
 1 œuf
 1 c. à c. de moutarde
 1 c. à s. de paprika
 1 gousse d'ail
 Sel
 Poivre

**Pour la purée
de pommes de terre :**
 750 g de pommes de
  terre
 4 c. à s. de beurre
 1 œuf
 4 c. à s. de fromage râpé
 100 g de lardons
 Huile

Préparation : env. 30 min    Portions : 2-4
Cuisson au four : 60 min + 15 min à 160 °C

# Aux fourneaux !

1) Mélangez les ingrédients de la viande hachée et assaisonnez-les de sel et de poivre.

2) Enlevez les feuilles et la tige du chou-fleur. Découpez la tige de façon à ce que les fleurons restent ensemble. Remplissez le creux obtenu avec la viande hachée. Placez ensuite le chou-fleur farci dans un plat rond à tarte, côté viande vers le bas, et mettez-le dans le four à 160 °C pendant 60 minutes, en mode convection.

3) Pendant ce temps, faites bouillir les pommes de terre dans de l'eau salée, épluchez-les et écrasez-les avec du beurre, les œufs et le fromage. Faites revenir les lardons et mélangez-les à la purée de pommes de terre. Remplissez ensuite une poche à douille de la purée de pommes de terre et lardons.

4) Retirez le chou-fleur du four et badigeonnez-le d'un mélange de concentré de tomates, d'œuf et de paprika. Déposez la purée de pommes de terre tout autour.

5) À l'aide d'une cuillère, formez des creux à intervalles réguliers autour du chou-fleur. Remettez enfin le tout dans le four à 160 °C pendant 15 minutes, à chaleur tournante.

https://www.bonap.fr/chou-fleur-farci-avec-sa-puree/

# Filet de bœuf farci et tours de pommes de terre

## Ingrédients

Filet de bœuf
 (300 à 400 g)
6 tranches de jambon
 cru fumé (env. 120 g)
4 tranches de cheddar
 (env. 120 g)

**Pour la marinade :**
 120 ml d'huile d'olive
 2 c. à s. de persil
 1 échalote
 1 gousse d'ail

**Pour les tours de pommes de terre :**
 Env. 1 kg de pommes
  de terre
 1 c. à s. de thym
 100 g de parmesan
 100 g de beurre fondu
 1 c. à c. de poudre d'ail
 Sel
 Poivre

**Aussi :**
 Crème de vinaigre
  balsamique
 Petits pois, tomates
  cerises, carottes
Plat à muffins
Ficelle alimentaire

Préparation : env. 30 min    Portions : 3
Cuisson : 40 min à 160 °C + 10 à 15 min à 180 °C

# Aux fourneaux !

1) Avant de vous occuper de la viande, épluchez les pommes de terre et coupez-les en fines tranches. Mélangez-les ensuite avec les autres ingrédients pour les tours et empilez-les dans les creux d'un moule à muffins graissé. Enfournez pendant 40 minutes à 160 °C à chaleur tournante.

2) Pendant la cuisson, mélangez tous les ingrédients de la marinade et coupez le filet de bœuf en escalope pour avoir une tranche fine rectangulaire.

3) Étalez la marinade sur la viande. Déposez le jambon cru et le cheddar par-dessus. Enroulez délicatement le filet de bœuf et fixez-le à trois endroits avec du fil de cuisine.

4) Coupez maintenant le roulet de bœuf en trois gros morceaux que vous faites cuire brièvement des deux côtés. Puis enfournez pendant 10 à 15 minutes à 180 °C, à chaleur tournante.

5) Servez les morceaux de viande cuits avec les tours de pommes de terre. Relevez le tout en assaisonnant de crème balsamique. Nous recommandons petits pois, tomates cerises et carottes pour accompagner.

https://www.bonap.fr/tournedos-et-tours-de-pdt/

# 2 façons de faire des aubergines farcies

## Ingrédients

**Éventail d'aubergine**
1 aubergine
Sel
Poivre
1 boule de mozzarella
1 tomate
1/2 bouquet de persil
1 gousse d'ail
Huile d'olive

**Aubergine gratinée jambon-fromage**
1 aubergine
2 tranches de jambon blanc
200 g de comté
1/2 bouquet de basilic
2 gousses d'ail
80 g de chapelure
100 ml d'huile d'olive
Sel et poivre
50 g de parmesan

**Éventail d'aubergine**   Portions : 2   Préparation : env. 40 min
Cuisson au four : 40 min à 180 °C   Repos : 30 min
**Aubergine gratinée jambon-fromage**   Portions : 2
Préparation : env. 40 min   Cuisson : 30 min au four 180 °C

## Éventail d'aubergine

1) Lavez l'aubergine et coupez-la dans le sens de la longueur en vous arrêtant avant la tête. Saupoudrez les surfaces de sel et laissez reposer l'aubergine pendant environ 30 minutes.

2) Coupez la tomate et la mozzarella en tranches et placez-les alternativement dans l'aubergine.

3) Mélangez maintenant le persil haché avec l'ail et étalez le mélange sur l'aubergine farcie. Arrosez le tout d'huile d'olive et assaisonnez de sel et de poivre avant de cuire les aubergines farcies pendant 40 minutes à 180 °C en mode convection.

## Aubergine gratinée jambon-fromage

1) Coupez l'aubergine en deux et faites plusieurs incisions dans la chair, dans le sens de la longueur.

2) Coupez le jambon blanc et le fromage et placez-les dans les incisions de l'aubergine.

3) Hachez le basilic et les gousses d'ail en petits morceaux et mélangez-les avec la chapelure et la moitié de l'huile d'olive. Salez et poivrez.

4) Étalez maintenant le mélange sur les demi-aubergines. Arrosez les légumes farcis avec le reste de l'huile d'olive et saupoudrez de parmesan. Après 30 minutes à 180 °C, elles sont parfaites à déguster !

https://www.bonap.fr/deux-variantes-aubergines/

# Gratin de choux de Bruxelles et de viande épicée

## Ingrédients

350 g de choux
 de Bruxelles
75 g de mozzarella râpée
**Pour les boulettes
de viande :**
 300 g de bœuf haché
 1 oignon
 1 c. à s. de paprika
**Pour la purée :**
 350 g de pommes de
  terre cuites
 125 ml de lait
 20 g de beurre
 1/2 c. à c. de noix de
  muscade
 1 œuf
 Sel
 Poivre

Préparation : env. 40 min    Portions : 6
Cuisson au four : 15 min 185 °C

# Aux fourneaux !

1) Préparez vos choux de Bruxelles puis faites deux incisions (en forme de croix) au niveau de la queue des choux. Faites-les cuire entre 6 et 8 minutes dans l'eau.

2) Mélangez le bœuf haché avec l'oignon et le paprika et formez des boules de la taille des choux de Bruxelles que vous faites cuire à la poêle.

3) Dans un saladier, mettez les pommes de terre cuites puis versez le reste des ingrédients sauf l'œuf. Écrasez le tout à l'aide d'une fourchette pour faire une purée. Ajoutez l'œuf et mélangez à nouveau.

4) Disposez les choux de Bruxelles et les boulettes de viande dans le fond d'un plat à tarte en les alternant. Versez la purée par-dessus que vous étalez bien et saupoudrez de mozzarella. Pour terminer, enfournez à 185 °C pendant 15 minutes puis servez.

https://www.bonap.fr/gratin-choux-et-viande-epicee/

# Gâteau de pâtes crémeuses et saucisses

## Ingrédients

400 g de fusilli
10 saucisses aux herbes
2 oignons nouveaux
Env. 50 g d'oignons frits
800 g d'emmental
250 ml de bière
50 ml de crème
 semi-épaisse
20 g de fécule
Poivre
2 pics en bois (30 cm)
Moule à charnière
 (ø 23 cm)

Préparation : env. 20 min    Portions : 2-4
Cuisson : 5 min à la poêle + 5 min pour la sauce

# Aux fourneaux !

1) Alignez les saucisses les unes à côté des autres sur une planche et insérez une brochette en haut et en bas qui traverseront toutes les saucisses pour les relier les unes aux autres.

2) Déposez les saucisses embrochées dans une grande poêle ou dans un plat à gratin et faites-les revenir des deux côtés.

3) Sortez les saucisses de la poêle et coupez-les en deux sans retirer les pics. Placez ensuite les deux brochettes de saucisses en croix dans un moule à charnière.

4) Faites cuire les pâtes, puis placez-les dans deux des quatre compartiments séparés par les saucisses dans le moule à charnière.

5) Râpez le fromage dans une casserole et ajoutez la bière et la crème. Assaisonnez le tout avec du poivre et laissez le mélange bouillir. Si la consistance n'est pas assez crémeuse, vous pouvez ajouter de la fécule.

6) Remplissez les deux autres compartiments du moule à charnière avec la sauce au fromage. Retirez les brochettes en bois et garnissez le tout d'oignons frits et d'oignons nouveaux hachés.

https://www.bonap.fr/saucisses-fromage-pates/

# Poissons feuilletés aux épinards et saumon

## Ingrédients

Pâte à pizza toute faite (ø : env. 28 cm)
150 g d'épinards en branches
1 petit oignon, ciselé
1 gousse d'ail, finement ciselée
1 c. à s. d'huile
80 g de fromage frais
1 c. à c. d'aneth hachée
20 g d'amandes effilées grillées
40 g de feta
80 g de saumon fumé
1 olive noire
1 œuf
Sel
Poivre
Paille
Roulette à pizza

Préparation : env. 30 min    Portions : 2
Cuisson au four : 15 min à 180 °C

# Aux fourneaux !

1) Placez la pâte à pizza sur un papier sulfurisé et coupez-la presque en deux en partant du haut et du bas et en vous arrêtant avant le milieu sur 2 cm.

2) Mélangez le fromage frais avec l'aneth et le poivre et déposez une cuillère à soupe de ce mélange sur chaque moitié de la pâte.

3) Faites maintenant suer les oignons et l'ail finement ciselé dans l'huile et ajoutez les épinards. Assaisonnez avec du sel et du poivre. Faites également brièvement dorer à sec les amandes effilées dans une autre poêle.

4) Étalez les épinards sur le fromage frais, puis émiettez la feta par dessus. Ajoutez ensuite les amandes grillées et placez un morceau de saumon fumé sur chaque garniture. Badigeonnez enfin les bords de la pâte avec l'œuf battu.

5) Repliez les parties supérieure et inférieure des moitiés de pâte sur la garniture et pressez les bords avec une fourchette de façon à ce qu'elle soit bien scellée.

6) À l'aide d'une roulette à pizza, enlevez une petite bande sur l'arrière haut des moitiés de pâte pour créer une nageoire. Formez les branchies du poisson avec le reste de la pâte. Dessinez les écailles dans la pâte avec une paille.

7) Coupez une olive noire en deux et utilisez-la pour faire les yeux des poissons. Badigeonnez toute la pâte avec de l'œuf battu. Enfournez le tout à 180 °C pendant 15 minutes, en mode convection.

https://www.bonap.fr/poisson-en-croute/

# Roulé graphique aux épinards et saumon fumé

## Ingrédients

**Pour la sauce aux pommes de terre :**
- 80 g de pommes de terres cuites
- 2 jaunes d'œufs
- 40 g de beurre mou
- 30 ml de crème
- Sel
- Poivre
- 2 blancs d'œufs battus

**Pour les épinards :**
- 50 g de beurre
- 1 oignon émincé
- 600 g d'épinards frais
- 1 gousse d'ail hachée finement
- Sel
- Poivre
- Une pincée de noix de muscade
- 30 ml de crème
- 3 jaunes d'œufs
- 2 blancs d'œufs battus
- 75 g de farine

**Pour la garniture :**
- 300 g de fromage frais
- 200 g de saumon fumé en tranches
- Plaque de cuisson
- Papier sulfurisé

Préparation : env. 30 min    Portions : 8-10
Repos : 30 min    Cuisson au four : 20 min à 200 °C

# Aux fourneaux !

1) Placez les pommes de terre cuites et épluchées, les jaunes d'œufs, le beurre, la crème et les épices dans un saladier. Puis, écrasez les pommes de terre avec une fourchette. Mélangez bien le tout pour obtenir un ensemble homogène. Incorporez enfin les blancs d'œufs et versez le tout dans une poche à douille.

2) Dessinez des motifs graphiques avec l'appareil de pommes de terre sur une plaque recouverte de papier cuisson.

3) Faites revenir le beurre dans une poêle avec les oignons et l'ail. Ajoutez ensuite les épinards avant d'assaisonner avec le sel, le poivre et la noix de muscade.

4) Versez les épinards dans un saladier et ajoutez la crème et le jaune d'œuf. Hachez le mélange à l'aide d'un mixeur plongeant, ajoutez le blanc d'œuf et la farine. Mélangez jusqu'à obtenir une texture crémeuse.

5) Versez la crème d'épinards par dessus la crème de pommes de terre et lissez-la bien à l'aide d'une spatule. Laissez un espace entre le bord de la plaque et les épinards. Faites cuire pendant 20 minutes à 200 °C.

6) Après la cuisson, retournez la plaque sur un torchon propre. Retirez le papier sulfurisé, trempez un deuxième torchon dans l'eau froide, essorez-le et placez-le sur la plaque d'épinards. Laissez le tout au frais pendant 30 minutes.

7) Une fois le temps écoulé, retournez la pâte à l'aide des deux torchons. Tartinez le fromage frais sur la face pleine des épinards en laissant un espace sur les bords. Déposez une couche de saumon par dessus. Roulez l'ensemble de la préparation et conservez-la au frais jusqu'au moment de servir.

https://www.bonap.fr/roule-epinards-saumon/

# Poulet juteux en croûte de sel

## Ingrédients

**Pour la croûte salée :**
  1,5 kg de sel
  10 blancs d'œufs

**Pour la marinade :**
  920 ml d'eau
  1 c. à s. d'huile d'olive
  1 c. à s. de sel
  1 c. à c. de poivre
  1/2 citron
  1 gousse d'ail coupée
   en deux
  2 feuilles de laurier
  2 c. à s. de vinaigre
   balsamique

**Pour la garniture :**
  Feuilles de sauge
  2 branches de thym
  1/2 citron

**Aussi :**
  1 poulet
   (entre 1,3 kg et 1,8 kg)
Ficelle alimentaire
Plat à gratin

Préparation : env. 40 min   Portions : 4-6
Marinade : 4 h   Cuisson : 70 min au four à 175 °C

# Aux fourneaux !

1) Préparez d'abord la marinade : mettez tous les ingrédients dans une casserole et faites-les bouillir. Laissez refroidir avant de plonger le poulet dans la casserole et de le laisser mariner pendant quatre heures.

2) Mélangez le sel avec les 10 blancs d'œufs et placez environ la moitié de cette pâte dans un plat allant au four.

3) Déposez maintenant le poulet sur la couche de sel et garnissez-le de sauge, de thym et de citron et attachez les cuisses ensemble avec de la ficelle alimentaire.

4) Recouvrez complètement le poulet farci avec le reste du sel. Faites cuire le poulet en croûte de sel pendant 70 minutes à 175 °C en mode convection.

5) Laissez refroidir un peu et enlevez délicatement la croûte de sel. Servez avec des pommes de terre et du brocoli.

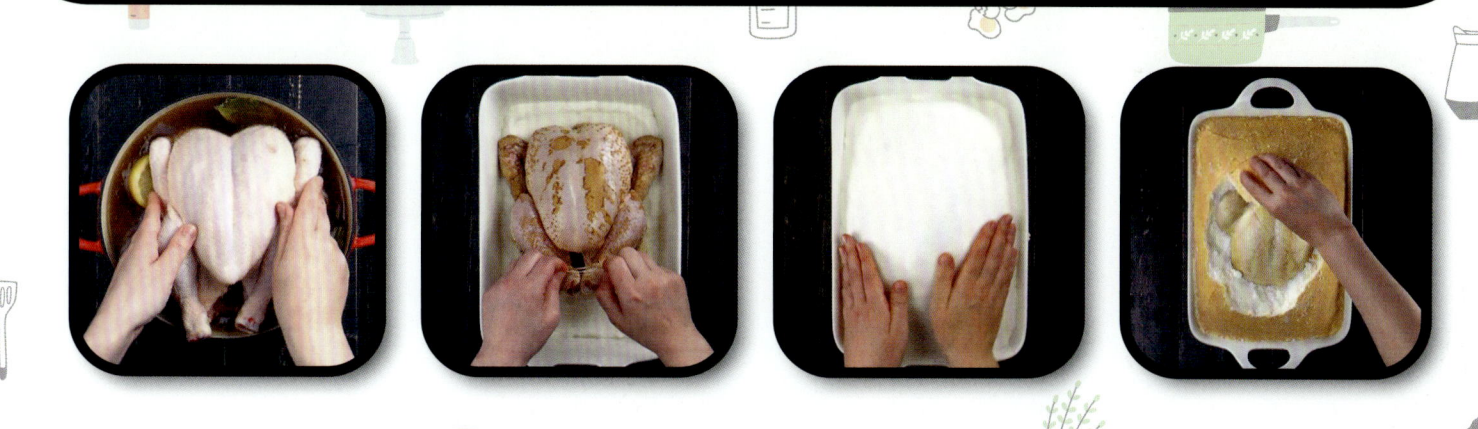

https://www.bonap.fr/poulet-sale/

# Fleurs de pommes de terre farcies au poulet

## Ingrédients

3 grosses pommes de terre ou 5 pommes de terre moyennes, à chair ferme
Huile pour frire
1 blanc de poulet
1 oignon
1 ail
6 branches de persil
2 c. à c. de paprika
1 c. à c. de curry
2 pincées de poivre
200 ml de sauce tomate
100 g de fromage râpé
Plat à gratin

Préparation : env. 20 min    Portions : 2
Cuisson au four : 25 min à 175 °C

# Aux fourneaux !

1) Pelez les pommes de terre et coupez-les en deux dans le sens de la largeur. Posez ensuite chaque moitié sur la planche à découper et coupez-les sur la partie haute pour qu'elles forment 8 quartiers. Il est important de ne pas couper complètement.

2) Faites chauffer l'huile dans une casserole et faites-y frire les pommes de terre. Ensuite, laissez-les s'égoutter sur un essuie-tout.

3) Pendant ce temps, coupez grossièrement le blanc de poulet, les oignons, l'ail et le persil et mettez-les dans un mixeur. Ajoutez ensuite le paprika, le curry et le poivre et réduisez en purée fine.

4) Remplissez les incisions des pommes de terre frites de purée à l'aide d'une fourchette. Formez de petites boules avec le reste de la mixture à la viande.

5) Mettez la sauce tomate dans un plat allant au four. Déposez les pommes de terre farcies et frites sur la sauce tomate. Placez les boulettes dans le plat et saupoudrez de fromage. Déposez une olive noire sur chaque sommet de pomme de terre. Enfournez le plat pendant 25 minutes à 175 °C, à chaleur tournante.

https://www.bonap.fr/pdt-etoilees-et-farcies/

# Gratin de pommes de terre et viande hachée

## Ingrédients

700 g de viande hachée
1 oignon
Sel
Poivre
1 c. à c. de paprika
2 c. à s. de persil
5 pommes de terre
**Pour la sauce :**
 1 c. à s. de beurre
 1 c. à s. de farine
 400 ml de lait
 1 pincée de noix de
  muscade
 Sel
 Poivre
Autre :
 200 g de fromage râpé
Plat à tarte (ø 24 cm)

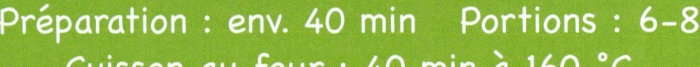

Préparation : env. 40 min   Portions : 6-8
Cuisson au four : 40 min à 160 °C

# Aux fourneaux !

1) Faites bouillir les pommes de terre, coupez-les en tranches de 3 à 4 mm d'épaisseur et utilisez-les pour tapisser le plat à tarte. Laissez quelques tranches de côté.

2) Ciselez l'oignon et hachez le persil. Mélangez avec la viande hachée et les autres ingrédients et formez 15 boulettes de viande.

3) Placez les boulettes de viande dans le plat à tarte. Intercalez les boulettes avec les tranches de pommes de terre restantes.

4) Pour la sauce, faites revenir le beurre et la farine dans une casserole, puis ajoutez le lait en remuant et assaisonnez selon votre goût avec de la noix de muscade, du sel et du poivre. Lorsque la sauce est devenue épaisse, versez-la sur les boulettes de viande.

5) Saupoudrez le tout de fromage râpé et enfournez pendant 40 minutes à 160 °C.

https://www.bonap.fr/gratin-boulette-pdt/

# Purée gratinée et cuisses de poulet épicées

## Ingrédients

5 tranches de pain
 de mie complet
2 c. à s. de beurre fondu
2 kg de pommes de terre
à chair farineuse
100 g de beurre
200 ml de lait chaud
6 jaunes d'œufs
Sel
Poivre
Muscade
3 c. à s. de persil
9 cuisses de poulet
18 tranches de lard
3 c. à s. de paprika
2 c. à s. de poudre
 de piment
2 c. à s. d'épices à griller
100 g de fromage râpé
4 c. à s. d'oignons grillés
Moule à charnière
 (24 x 24 cm)
Papier sulfurisé

Préparation : env. 40 min    Portions : 9
Cuisson au four : 30 min à 150 °C + 10 min et 25 min à 175°C

# Aux fourneaux !

1) Mélangez le paprika avec les épices à griller et la poudre de piment avant de tremper les cuisses dans le mélange.

2) Enroulez 2 tranches de lard autour de chaque cuisse. Placez ensuite toutes les cuisses sur une plaque de cuisson recouverte de papier sulfurisé et mettez-les au four pendant 30 minutes à 150 °C.

3) Prenez 5 tranches de pain de mie, coupez les bords et placez les morceaux restants dans un moule à charnière carré. Tartinez les tranches de pain avec du beurre fondu et enfournez-les pendant 10 minutes à 175 °C, en mode convection.

4) Écrasez les pommes de terre cuites et mélangez-les avec du beurre et du lait chaud. Ajoutez la noix de muscade, le sel, le poivre, les jaunes d'œufs et le persil haché et mélangez le tout pour obtenir une purée.

5) Mettez la purée de pommes de terre dans le moule à charnière sur les tranches de pain de mie et lissez bien le tout.

6) Maintenant, insérez les cuisses de poulet cuites à l'envers dans la purée. Saupoudrez le tout de fromage râpé et remettez le moule dans le four pendant 25 minutes à 175 °C, à chaleur tournante.

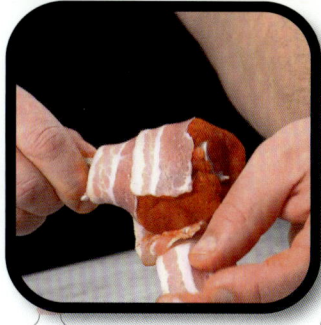

https://www.bonap.fr/gratin-puree-poulet/

# Chou blanc farci à la viande hachée épicée

## Ingrédients

1 chou blanc

**Pour la farce :**
 1 tranche de pain de mie
 450 g de viande hachée
 50 g d'oignon rouge
 Sel
 Poivre
 Muscade
 1 œuf

**Pour la sauce :**
 1 carotte
 1 poireau
 1 panais ou 1/2 céleri
 75 g d'oignon
 2 c. à s. de concentré
  de tomates
 80 ml de vin rouge
 250 ml d'eau
 Sel
 Poivre
Sauteuse
Plat allant au four

Préparation : env. 40 min    Portions : 4-6
Cuisson au four : 15 min à 200 °C + 45 min à 185 °C

# Aux fourneaux !

1) Retirez les feuilles extérieures du chou et coupez le pédoncule. Mettez le chou de côté.

2) Faites tremper le pain de mie dans l'eau et pétrissez-le avec la viande hachée, les oignons ciselés et l'œuf. Assaisonnez de sel, de poivre et de muscade. Versez ensuite dans le chou blanc évidé avant d'enfournez le tout 15 minutes à 200 °C.

3) Pendant ce temps, pour la sauce, coupez les légumes en gros morceaux et faites-les revenir dans de l'huile d'olive. Incorporez ensuite le concentré de tomates aux légumes et ajoutez le vin rouge.

4) Ajoutez de l'eau et assaisonnez la sauce avec du sel et du poivre.

5) Une fois la cuisson du chou écoulée, versez tous les légumes dessus.

6) Couvrez le tout de papier aluminium et mettez au four à 185 °C pendant 45 minutes. En fin de cuisson, récupérez la sauce et versez-la sur le chou avant de servir.

https://www.bonap.fr/chou-blanc-farci/

# Gâteau de sandwich jambon-fromage

## Ingrédients

Env. 25 tranches
de pain de mie
1 œuf
60 g de moutarde
15 tranches d'emmental
10 tranches
de jambon blanc

**Pour la sauce royale :**
1 œuf
270 ml de lait
Sel
Poivre

**Pour la sauce béchamel :**
30 g de beurre
30 g de farine
400 ml de lait
60 g de fromage
d'alpage râpé
Sel
Poivre
Muscade

Moule à charnière
(Ø 22 cm)
Un rouleau à pâtisserie

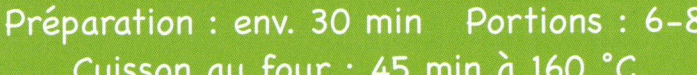

Préparation : env. 30 min   Portions : 6-8
Cuisson au four : 45 min à 160 °C

# Aux fourneaux !

1) Couper les bords de toutes les tranches de pain de mie. Placez ensuite quatre tranches l'une à côté de l'autre, en les faisant légèrement se chevaucher, et aplatissez-les avec un rouleau à pâtisserie. Pour que les différentes tranches tiennent bien ensemble, vous pouvez enduire les bords de blanc d'œuf.

2) Tartinez les tranches de pain de mie de moutarde. Recouvrez le tout de tranches de fromage et de jambon.

3) Coupez les tranches de pain de mie en deux dans le sens de la longueur. Répétez l'étape 2 avec le reste de moutarde, jambon et fromage.

4) Enroulez la première bande de pain de mie sur elle-même pour avoir un escargot.

5) Enroulez ensuite l'escargot dans toutes les autres bandes de pain de mie et placez-le entier dans un moule à charnière.

6) Pour la sauce royale, mélangez l'œuf avec le lait et assaisonnez le tout avec du sel et du poivre. Versez le mélange sur l'escargot dans le moule à charnière. Laissez le liquide s'imprégner et mettez le moule dans le four à 160 °C pendant environ 45 minutes, à chaleur tournante.

7) Préparez maintenant la sauce béchamel. Faites fondre le beurre dans une casserole et ajoutez la farine. Ajoutez du lait tout en remuant. Laissez le tout mijoter un peu. Assaisonnez avec du sel, du poivre et de la noix de muscade. Ajoutez du fromage d'alpage râpé et mélangez à nouveau.

8) Une fois la cuisson de l'escargot terminée, versez la béchamel par-dessus et saupoudrez de fromage râpé. Gratinez le tout pendant environ 5 minutes avec la fonction grill du four. Avant de servir, garnissez le gâteau de sandwich avec du persil finement haché.

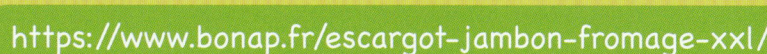

https://www.bonap.fr/escargot-jambon-fromage-xxl/

# Taupinière de bœuf au cœur fondant

## Ingrédients

**Pour la viande hachée :**
2 kg de viande de bœuf hachée
250 g de chapelure
3 œufs
3 c. à c. de paprika
2 c. à c. d'ail en poudre
1/2 c. à c. de piment en poudre
1 c. à c. de sel
1 c. à c. de poivre
1 c. à c. de moutarde
3 c. à s. de persil

**Pour la garniture de pommes de terre :**
600 g de pommes de terre
75 g de bacon
100 g de gouda râpé
Sel
Poivre

**Aussi :**
300 g de fromage frais
500 g de pain complet aux céréales
3 c. à s. de beurre
Concombre, carottes, tomates cerises, poivrons, radis et salade pour la décoration
Saladier (ø 25 cm)
Pics en bois

Préparation : env. 30 min   Portions : 6-8
Cuisson au four : 80 min à 160 °C

# Aux fourneaux !

1) Pétrissez la viande hachée avec les œufs, la chapelure, l'ail en poudre, le sel, le poivre, le paprika en poudre, le piment, la moutarde et le persil en un mélange homogène.

2) Recouvrez l'intérieur du saladier de film alimentaire. Pressez fermement la viande hachée à l'intérieur pour que le mélange soit vraiment lisse.

3) Faites bouillir les pommes de terre et épluchez-les. Faites revenir le bacon dans une poêle pendant 2 à 3 minutes sans ajouter de graisse. Ajoutez le bacon et le gouda râpé aux pommes de terre, salez et poivrez avant d'écraser le tout.

4) Déposez 1/3 du mélange de pommes de terre sur la viande et pressez fermement. Ajoutez de nouveau de la viande hachée, puis le reste du mélange de pommes de terre avant de refermer avec le reste de viande hachée.

5) Déposez le dôme face plane sur une plaque de cuisson recouverte de papier sulfurisé et retirez le saladier et le film alimentaire. Plantez profondémment des brochettes dans la viande afin d'éviter que le tout éclate lors de la cuisson. Enfournez le dôme pendant 80 minutes à 180 °C, à chaleur tournante, sur le cran inférieur.

6) Une fois la cuisson terminée, laissez un peu refroidir avant d'étalez le fromage frais dessus.

7) Mettez le beurre dans une poêle puis émiettez le pain complet au céréales dessus pour le faire revenir pendant 5 à 6 minutes. Déposez ensuite la chapelure sur tout le fromage frais pour recouvrir votre dôme.

8) Enfin, décorez de poivrons, de carottes et de radis taillés en fleurs et servez avec de la salade.

https://www.bonap.fr/taupiniere-comestible/

# Gâteau gratiné aux spaghettis et escalope panées

Préparation : env. 15 min    Portions : 4-6
Cuisson au four : 30 min + 25 min à 180 °C

## Ingrédients

**Pour les escalopes :**
2 blancs de poulet
150 g de parmesan râpé
150 g de chapelure
100 g de farine
4 œufs

**Pour les pâtes :**
1600 g de spaghettis cuits
250 ml de crème
150 g de parmesan râpé
5 œufs battus
1 c. à c. de sel
1/2 c. à c. de poivre

**Pour la sauce tomate :**
2 gousses d'ail hachées
1 oignon
400 g de purée de tomates
1 c. à c. d'épices italiennes
1 c. à c. de sel
1 c. à c. de sucre
1/2 c. à c. de poivre

**Aussi :**
4 tranches de fromage (gouda, cheddar, ou autre)
200 g de fromage râpé
Moule carré (ø env. 23 x 23 cm)

# Aux fourneaux !

1) Faites cuire les spaghettis dans de l'eau salée. Pendant ce temps, coupez les blancs de poulet en deux dans le sens de la longueur pour avoir 4 escalopes. Aplatissez-les avec un attendrisseur et assaisonnez avec du sel et du poivre.

2) Mélangez le parmesan avec la chapelure. Trempez ensuite les escalopes d'abord dans la farine puis dans l'œuf et enfin dans la chapelure. Pour finir, faites frire les escalopes dans de l'huile chaude.

3) Mettez les spaghettis cuits dans un saladier et ajoutez la crème, le parmesan râpé, les œufs, le poivre et le sel et mélangez le tout.

4) Versez maintenant la moitié des pâtes dans un moule carré et posez 2 tranches de fromage par dessus. Placez ensuite les escalopes panées entièrement cuites sur le fromage.

5) Mettez à présent deux autres tranches de fromage sur les escalopes et enfin les spaghettis restants. Placez le moule dans le four préchauffé et faites cuire le tout pendant 30 minutes à 180 °C, en mode convection.

6) Pendant la cuisson, préparez la sauce tomate. Faites suer les oignons et l'ail dans un peu d'huile et ajoutez la purée de tomates. Assaisonnez la sauce avec des fines herbes, du sel, du sucre et du poivre. Laissez le tout mijoter pendant environ 5 minutes.

7) Versez la sauce tomate sur les spaghettis dans le moule, saupoudrez le tout de fromage râpé et enfournez 25 minutes supplémentaires.

https://www.bonap.fr/gateau-spaghetti-escalope-gratin/

# Cannelloni de poireaux farcis

## Ingrédients

2 poireaux
250 g de viande hachée
100 g de feta
Paprika
Sel
Poivre
1 œuf
Env. 80 g de
  fromage râpé
**Pour la crème
aux herbes :**
  250 ml de crème semi
  épaisse
  15 g d'amidon
  Sel
  Poivre
  Persil haché

Un plat allant au four,
avec des bords assez
hauts

Préparation : env. 20 min   Portions : 3-4
Cuisson au four : 40 min à 180 °C

# Aux fourneaux !

1) Coupez les poireaux sur des longueurs d'environ 10 cm. Poussez délicatement l'intérieur des 'tubes' pour les séparer en en laissant toujours deux s'emboîter l'un dans l'autre afin qu'ils soient plus stables pour le remplissage.

2) Coupez le reste du poireau en petits morceaux et mélangez-les avec la viande hachée, la feta et l'œuf. Assaisonnez le mélange avec le paprika, le sel et le poivre.

3) Remplissez les rouleaux de poireaux avec le mélange de viande hachée et placez-les dans un plat allant au four.

4) Mélangez les ingrédients pour la crème aux herbes et assaisonnez de sel et de poivre. Versez ensuite la sauce sur les morceaux de poireaux farcis, saupoudrez de fromage râpé et enfournez pendant 40 minutes à 180 °C.

https://www.bonap.fr/cannelloni-poireaux/

# Pizza cake

## Ingrédients

**Pour la pâte levée :**
- 600 g de farine
- 4 g de levure sèche
- 2 c. à c. de sucre
- 270 ml d'eau tiède
- 2 c. à s. d'huile végétale
- 1 c. à c. de sel

**Pour la garniture :**
- 120 g de salami
- 300 ml de concassé de tomates
- 1 c. à c. d'origan
- 1 branche de basilic
- Sel
- Poivre
- 80 ml d'huile d'olive
- Env. 450 g de fromage râpé (un tiers de cheddar, d'emmental et de mozzarella chacun)
- Moule à gâteau (ø 16 cm)
- Plaque à pâtisserie
- Papier sulfurisé

Préparation : env. 25 min    Portions : 4-6
Cuisson au four : 15 min à 180 °C + 60 min à 160°C
Repos : 10 min + 1 h

# Aux fourneaux !

1) Préparez d'abord la pâte. Placez la farine sur un plan de travail et formez un creux au milieu. Mélangez le sucre avec la levure et l'eau et ajoutez le mélange. Pétrissez le tout. Laissez reposer pendant environ 10 minutes. Ajoutez ensuite l'huile et le sel et pétrissez à nouveau jusqu'à l'obtention d'une pâte homogène et lisse. Façonnez la pâte en boule et recouvrez-la d'un torchon. Laissez lever la pâte pendant environ 1 heure à température ambiante.

2) Applatissez la pâte et formez 3 cercles de taille égale dans le diamètre correspondant à celui de votre moule à gâteau. Placez les cercles sur une plaque à pâtisserie recouverte de papier sulfurisé et enfournez à 180 °C pendant 15 minutes, à chaleur tournante. Réservez le reste de la pâte pour le moment. Conseil : mettez du poids sur les cercles de pâte pendant la cuisson à l'aide d'une plaque à pâtisserie.

3) Coupez le salami en tranches. Mélangez le concassé de tomate, le basilic, l'origan, l'huile d'olive, le sel et le poivre et réduisez en purée.

4) Recouvrez les bords du moule à gâteau avec les restes de la pâte. Il est préférable de bien graisser le plat au préalable. Placez un cercle de pâte précuite au fond du moule.

5) Étalez un peu de sauce tomate dans le moule, puis du cheddar râpé et enfin quelques tranches de salami.

6) Sur le salami, déposez un autre cercle de pâte précuite, de la sauce tomate, de l'emmental râpé et du salami.

7) Ajoutez le troisième et dernier cercle de pâte précuite dans le moule. Étalez la sauce tomate, la mozzarella râpée et des tranches de salami.

8) Repliez les bords supérieurs de la pâte sur le haut du pizza cake enfournez le tout à 160 °C pendant 60 minutes, à chaleur tournante.

https://www.bonap.fr/pizza-cake/

# Terrine d'aubergines farcies

## Ingrédients

1 kg de viande de bœuf hachée
1 oignon
3 gousses d'ail
1 c. à s. de sel
1/2 c. à c. de poivre
2 branches de romarin
2 œufs (pour la viande)
2 aubergines
Env. 30 g de sel (pour l'aubergine)
3 poivrons rouges
200 g de bucatini
2 œufs
100 ml de crème
Moule à cake (14,5 x 25 cm)

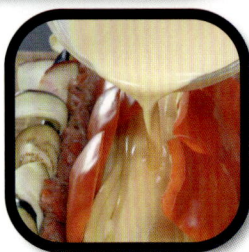

Préparation : env. 40 min   Portions : 6-8
Cuisson au four : 40 min à 160 °C

# Aux fourneaux !

1) Coupez d'abord les aubergines dans le sens de la longueur en tranches d'environ 2 mm d'épaisseur. Ensuite, étalez-les sur une planche à découper et saupoudrez-les de sel. Attendez environ 5 minutes et tamponnez l'eau qui s'est écoulée des aubergines avec du papier absorbant. Vous pouvez également lancer la cuisson des bucatini.

2) Coupez à nouveau les tranches en deux dans le sens de la longueur et déposez-les dans le fond et sur les bords du moule en formant un damier. Assurez-vous qu'il reste suffisamment de tranches d'aubergines pour le "couvercle" à la fin.

3) Retirez le haut et le bas des poivrons et coupez-les en petits morceaux. Faites une incision sur un côté des poivrons et retirez-en leur cœur. Vous avez donc devant vous, 3 bandes de poivrons.

4) Coupez l'ail, l'oignon et le romarin en petits morceaux et placez-les dans un saladier. Ajoutez la viande hachée, 2 œufs, du sel, du poivre et les petits morceaux de poivrons. Mélangez bien le tout.

5) Mettez maintenant environ deux tiers du mélange de viande hachée sur les aubergines, de façon uniforme pour recouvrir uniquement les bords du moule.

6) Placez les 3 "bandes" de poivrons côte à côte au milieu le moule, l'ouverture vers le haut et ajoutez ensuite les bucatini cuits par dessus, si possible bien rangés.

7) Mélangez 2 œufs avec de la crème et versez le mélange sur les pâtes dans le moule.

8) Fermez les poivrons sur les bucatini et étalez le reste de la viande hachée dessus.

9) Placez les tranches d'aubergines restantes sur la viande hachée en les tressant, puis enfournez à 160 °C pendant 40 minutes, à chaleur tournante.

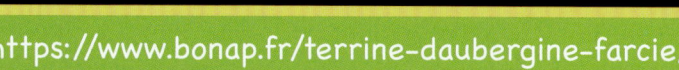

https://www.bonap.fr/terrine-daubergine-farcie/

# Gâteau à l'oignon farci

## Ingrédients

**Pour la pâte :**
6 œufs
400 g de farine
2 paquets de levure chimique (24 g)
100 ml d'huile végétale
100 ml de lait tiède
80 g de beurre mou
2 c. à s. de crème fraîche
Sel
Poivre
1 c. à c. de sucre
1 botte d'oignons nouveaux
(coupés en rondelles)

**Pour la garniture :**
3 gros oignons
250 g de lard
300 g de fromage en tranches
1/2 c. à c. de cumin
300 ml de bouillon de légumes
Un moule (ø 26 cm)

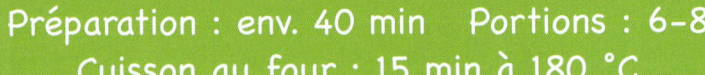

Préparation : env. 40 min    Portions : 6–8
Cuisson au four : 15 min à 180 °C

# Aux fourneaux !

1) Coupez les oignons en deux dans le sens de la longueur. Faites des incisions entre la tige et la racine mais faites attention à ne pas couper les extrémités qui maintiennent l'oignon ensemble.

2) Placez les moitiés d'oignon dans une casserole, surface plane vers le bas. Versez le bouillon de légumes dessus, ajoutez le cumin et laissez cuire dans la poêle avec le couvercle fermé pendant environ 15 minutes.

3) Mélangez la farine avec la levure chimique. Battez les œufs et le beurre puis incorporez l'huile et le lait. Ajoutez la crème fraîche, les oignons nouveaux coupés, le sucre, le sel et le poivre et mélangez le tout.

4) Retirez les moitiés d'oignon du feu et laissez-les refroidir brièvement. Remplissez ensuite les incisions avec des tranches de lard et de fromage.

5) Mettez la pâte dans un moule à charnière graissé et fariné. Pressez les moitiés d'oignons farcies dans la pâte dans le moule à charnière. Placez le moule dans le four pendant 15 minutes à 180 °C, à chaleur tournante.

https://www.bonap.fr/tarte-a-loignon-version-farci/

# Gatizza

## Ingrédients

150 g de brocoli
100 g de poivron rouge
100 g de champignons
250 g de saucisse
20 g de farine
2 gousses d'ail
1 c. à c. d'origan
Sel
Poivre
200 g de coulis de tomate
70 g de mozzarella râpée
200 g de pâte à pizza
Huile d'olive
7 tranches de salami
Parmesan
Persil
**Pour la pâte :**
  500 g de farine
  4 g de levure sèche
  10 g de sucre
  5 g de sel
  2 c. à s. d'huile d'olive
  250 ml d'eau tiède
Une poêle allant au four
  (ou : une poêle +
  un moule)

Préparation : env. 40 min   Portions : 2
Repos : 20 min
Cuisson au four : 40 min à 120 °C

# Aux fourneaux !

1) Commencez par la pâte : mélangez tous les ingrédients et pétrissez jusqu'à ce qu'elle ne colle plus aux doigts. Placez-la dans un saladier, couvrez d'une serviette et laissez lever à température ambiante pendant environ 20 minutes. En attendant, vous pouvez préparer la garniture. Coupez les fleurons d'une tête de brocoli et mettez-les dans une casserole avec le poivron et les champignons coupés en morceaux. Faites revenir le tout.

2) Pressez ensuite la farce d'une saucisse dans la poêle et mélangez la viande avec le reste des légumes. Ajoutez la farine et l'ail haché, assaisonnez ensuite d'origan, de sel et de poivre. Dans la dernière étape, ajoutez le coulis de tomate dans la poêle. Retirez le tout du feu et saupoudrez de mozzarella.

3) Saupoudrez maintenant un peu de farine sur le plan de travail et étalez la pâte à pizza de façon à ce qu'elle soit légèrement plus grande que la poêle utilisée. Déposez ensuite la pâte sur le dessus de la poêle et pressez-la légèrement autour du bord. Étalez l'huile d'olive sur la pâte à l'aide d'un pinceau.

4) Enfin, déposez les tranches de salami sur la pâte et enfournez la poêle à 120 °C pendant 40 minutes à chaleur tournante.

https://www.bonap.fr/gatizza/

# Cordon bleu feuilleté

## Ingrédients

4 escalopes de poulet
24 tranches d'emmental
12 tranches de jambon blanc
2 pâtes feuilletées
1 gousse d'ail
4 c. à s. de moutarde
2 œufs
Sel
Poivre
Film plastique

Préparation : env. 10 min   Portions : 4
Repos : 1 h au frais
Cuisson au four : 30 min à 170 °C

# Aux fourneaux !

1) Assaisonnez les escalopes de poulet avec le sel, le poivre et la gousse d'ail. Mettez-les sur un film plastique et aplatissez-les en tapant dessus avec un rouleau à pâtisserie. Recouvrez chaque escalope de quatre tranches d'emmental puis ajoutez trois tranches de jambon blanc. Terminez par deux autres tranches de fromage.

2) Enroulez fermement les escalopes puis mettez-les dans un film plastique. Fermez les extrémités puis placez le tout au frigo pendant 1 heure.

3) Déroulez les pâtes feuilletées et coupez-les en deux. Étalez de la moutarde dessus puis enroulez la pâte autour de l'escalope.

4) Mélangez les œufs puis étalez-les sur la pâte avec un pinceau. Utilisez une fourchette pour dessiner des motifs sur la pâte. Enfournez le tout à 170 °C pendant 30 minutes.

https://www.bonap.fr/cordon-bleu-feuillete/

# Bouchées marinées et spaghetti de courgettes

## Ingrédients

**Pour les bouchées :**
450 g de bœuf
60 ml de sauce soja
1 c. à s. d'huile d'olive
1 c. à s. de sauce piquante
Jus d'un demi citron
2 c. à s. de beurre
2 c. à c. d'ail

**Pour les zoodles :**
2–3 courgettes
1 c. à s. de beurre
60 ml de bouillon
1/2 c. à c. de piment en flocons
Jus d'un demi citron
1 c. à s. de persil
1 c. à c. de thym
Économe à julienne ou normal

Préparation : env. 30 min
Marinade : 15 min    Portions : 4

# Aux fourneaux !

1) Coupez le bœuf en morceaux. Pour la marinade, mélangez la sauce piquante et l'huile d'olive avec le jus de citron dans un saladier et faites-y mariner les morceaux de viande pendant environ 15 minutes.

2) Une fois la viande marinée, faites-la frire à feu vif. Assurez-vous qu'il n'y ait pas trop de viande dans la poêle en même temps, sinon elle perdra trop de jus et les bouchées seront cuites plutôt que frites. Quand les morceaux sont dorés, ajoutez le beurre et l'ail.

3) Coupez les courgettes en forme de spaghetti à l'aide d'un économe à julienne ou un économe normal (en empilant ensuie les tranches les unes sur les autres, vous pourrez couper de très fines lamelles de spaghetti de courgette).

4) Mettez le beurre, le bouillon, le piment en flocons et le jus de citron dans une casserole et laissez mijoter. Ajoutez les spaghettis de courgettes et attendez que le liquide ait légèrement réduit. Mélangez bien et ajoutez ensuite le thym et le persil.

https://www.bonap.fr/boeuf-et-zoodle/

# Deux façons originales de faire les spaghettis

## Ingrédients

**Boulettes de spaghetti frites**

- 450 g de spaghetti
- 200 g de sauce tomate
- 500 g de ricotta
- 100 g de chapelure
- 2 œufs
- 2 c. à s. de persil
- 100 g de parmesan
- 1 pincée de sel
- Pour servir :
  - Parmesan
  - Sauce bolognaise toute prête
  - Persil plat
  - Une cuillère à glace

**Sushis de spaghetti**

- 200 g de spaghetti
- 125 g de ricotta
- 100 ml de sauce tomate
- 15 g de parmesan
- 5 boulettes de viande
- Pour servir :
  - 200 ml de sauce tomate
  - Parmesan
  - Basilic
- Tapis à sushis
- Film alimentaire

**Boulettes de spaghetti frites**   Portions : 4-5   Préparation : env. 15 min
Cuisson : 10 min dans l'eau bouillante + 3 min dans l'huile très chaude
**Sushis de spaghetti**   Portions : 2   Préparation : env. 20 min
Cuisson : 10 min dans l'eau bouillante

# Aux fourneaux !

## Boulettes de spaghetti frites

1) Faites cuire les spaghetti, égouttez-les et laissez-les refroidir un peu avant de les mettre dans un saladier.

2) Ajoutez tous les autres ingrédients et mélangez bien sans avoir peur de casser les spaghettis.

3) À l'aide d'une cuillère à glace puis de vos mains, formez de petites boules avec les pâtes que vous faites frire pendant environ 3 minutes dans de l'huile chaude à 160 °C.

4) Déposez vos boulettes de spaghetti frites sur un lit de sauce bolo assaisonné de parmesan et de persil plat.

## Sushis de spaghetti

1) Faites cuire les spaghettis puis laissez-les refroidir. Placez le film alimentaire sur une planche à découper et déposez les spaghetti côte à côte sur le film.

2) Coupez les spaghetti en ligne droite aux deux extrémités de façon à avoir un "tapis de pâtes" rectangulaire devant vous.

3) Dans un saladier, mélangez la sauce tomate, la ricotta et le parmesan.

4) Posez le "tapis de pâtes" sur un tapis à sushis. Étalez 3 c. à s. du mélange de ricotta sur le tiers gauche des pâtes et déposez 5 boulettes de viande par dessus.

5) Roulez le tout à l'aide du tapis à sushis. Retirez le film alimentaire, laissez refroidir un peu le rouleau et coupez-le en 5 morceaux égaux.

6) Avant de servir, garnissez de sauce tomate, parmesan et basilic frais.

https://www.bonap.fr/spaghetti-deux-facons/

# Pain de viande garni à l'avocat et au poivron

## Ingrédients

2 c. à s. de poivron rouge
1 c. à s. de ciboulette
1 avocat
40 g de cheddar
150 g de viande hachée
Env. 6 tranches de lard
Sauce BBQ

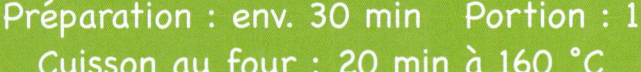

Préparation : env. 30 min   Portion : 1
Cuisson au four : 20 min à 160 °C

1) Coupez le poivron rouge en petits dés, que vous mettez ensuite dans un saladier avec la ciboulette. Coupez un avocat en deux, retirez la peau et enlevez le noyau. Élargissez un peu le creux de l'avocat à l'aide d'une cuillère et ajoutez la chair dans le saladier.

2) Râpez le cheddar dans le saladier et mélangez tous les ingrédients. Vous pouvez maintenant verser la farce dans l'avocat coupé.

3) Placez les deux moitiés d'avocat l'une sur l'autre et pressez-les bien pour fermer le tout. Aplatissez la viande hachée avec les mains avant de l'enrouler autour de l'avocat.

4) Pour couronner le tout, l'avocat est enveloppé dans des tranches de lard, le tout badigeonné de sauce BBQ. Enfournez pendant 20 minutes à 160 °C à chaleur tournante.

https://www.bonap.fr/pain-de-viande-avocat-poivron/

# Donut de sushi XXL

## Ingrédients

1 kg de riz à sushis
2 L d'eau
80 ml de vinaigre de riz
40 g de sucre
20 g de sel

**Pour la garniture :**
4 carottes (env. 150 g)
500 g de surimi
50 ml de sauce Chili
3 c. à s. de sauce soja
2 c. à s. d'huile de
 sésame
1 c. à c. de gingembre
Zestes de citron
Jus d'une moitié de
 citron
500 g de salade
 d'algues japonaises

**Pour la couverture :**
1/2 concombre
500 g de thon cru
2 avocats
500 g de sandre
500 g de saumon
1 c. à c. de graines
 de sésame blanc
1 c. à c. de graines
 de sésame noir
2 oignons nouveaux
Moule à sarazin
(28 x 7 cm)
Film alimentaire

Préparation : env. 30 min    Portions : 8
Cuisson : 15 min dans l'eau

106

# Aux fourneaux !

1) Lavez le riz trois fois jusqu'à ce que l'eau devienne claire, égouttez-le, mettez-le dans une casserole avec 2 L d'eau neuve et portez à ébullition à feu moyen. Dès que l'eau est absorbée, éteignez et laissez reposez le tout pendant environ 15 minutes.

2) Une fois le temps écoulé, mélangez le vinaigre de riz, le sucre et le sel et versez le tout sur le riz dans la casserole en prenant soin de bien remuer.

3) Recouvrez un moule à savarin d'un film alimentaire, puis remplissez-le uniformément d'environ les deux tiers du riz que vous pressez sur les bords.

4) Placez maintenant les carottes finement ciselé par-dessus le riz.

5) Ciselez le surimi et mélangez-le avec la sauce Chili, l'huile de sésame, le gingembre, les zestes et le jus de citron. Répartissez maintenant la masse uniformément dans le moule.

6) Déposez ensuite la salade d'algues japonaises dans le moule avant d'étaler le reste du riz sur le dessus et pressez-le avec vos doigts humidifiés.

7) Ensuite, à l'aide d'une grande planche ou d'une assiette, retournez le gâteau et retirez-le soigneusement du moule et du film alimentaire.

8) Recouvrez le gâteau en alternant avec le concombre, le thon, l'avocat, le sandre et le saumon. Enfin, saupoudrez le tout de graines de sésame et d'oignons nouveaux.

https://www.bonap.fr/donut-japonais/

# Pizza-burger

## Ingrédients

**Pour la pâte :**
- 500 g de farine
- 4 g de levure de boulanger
- 1 c. à c. de sucre
- 1/2 c. à c. de sel
- 10 ml d'huile
- 250 ml d'eau

**Pour la garniture :**
- 250 g de mozzarella râpée
- 200 g de tranches de lard grillées
- 4 belles tranches de tomate
- 500 g de viande hachée
- 12 tranches de rosette

Préparation : env. 25 min    Portions : 4
Repos : 1 h    Cuisson au four : 10 min à 200 °C

# Aux fourneaux !

1) Mélangez tous les ingrédients pour la pâte, et laissez-la reposer dans un plat recouvert d'un torchon propre pendant une heure à température ambiante.

2) Prenez environ un cinquième de la pâte, formez une boule puis étalez-la pour obtenir une surface plane. Farinez un petit bol et recouvrez les parois avec la pâte, sans oublier les bords du haut. Appuyez bien pour que la pâte colle à la paroi. Au fond, déposez une couche de mozzarella. Puis, ajoutez quelques petites tranches de lards, suivies d'une tranche de tomate. Faites de même pour trois autres pizza-burgers.

3) Formez quatre steaks de taille identique avec la viande hachée, et faites les cuire à la poêle de chaque côté. Assaisonnez selon vos goûts.

4) Pour fermer les pizza-burgers, formez quatre petites galettes avec le reste de pâte, et recouvrez le tout avec. Scellez bien les burgers en joignant les deux bouts de pâte.

5) Démoulez les pizza-burgers, placez-les sur la plaque du four, et faites une petite croix au couteau sur le dessus de la pâte. Recouvrez avec un peu de mozzarella et déposez trois tranches de rosette. Enfournez pendant 10 minutes à 200 °C.

https://www.bonap.fr/pizza-burger/

Poivrons farcis, manteau de viande hachée et bacon

Gratin de courgettes farcies à la viande hachée

Brioche léopard

Chips transparentes et sauce épicée

Petits pains
à la courge

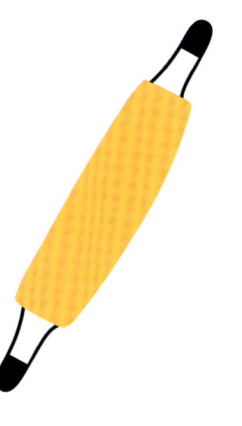

Couronne de pommes
de terre et jambon

# Apéritif &
# Entrée

3 variantes de pains
au lait sur bâtonnet

Œufs mimosa

# Petits pains à la courge

## Ingrédients

1 courge butternut
(env. 260 g)
1 œuf
2 c. à s. de sucre
1 c. à c. de sel
4 g de levure
400 g de farine
30 ml d'huile végétale
Graines de sésame

Préparation : env. 45 min    Portions : 9
Repos : entre 1 h et 1 h 30 min
Cuisson : 15 min à la vapeur + 10 min à la poêle

# Aux fourneaux !

1) Épluchez la courge et coupez-la en tranches fines. Dans une casserole, faites bouillir de l'eau. Mettez un tamis dans la casserole et faites cuire les tranches de courge à la vapeur sous un couvercle pendant 15 minutes.

2) Une fois la courge cuite, sortez-la de la casserole et écrasez-la à la fourchette.

3) Battez l'œuf avec le sucre, le sel et la levure. Mélangez les ingrédients jusqu'à ce que la levure soit dissoute. Ajoutez ensuite la farine et l'huile et pétrissez jusqu'à l'obtention d'une pâte lisse. Couvrez la pâte et laissez-la lever jusqu'à ce qu'elle ait doublé de volume.

4) Pétrissez bien la pâte sur une surface farinée et façonnez-la en rouleau. Coupez le rouleau en morceaux égaux et façonnez chaque morceau en boule. Laissez ensuite les boules lever sous un morceau de film alimentaire pendant 30 minutes.

5) Trempez un bâtonnet de bois épais dans l'eau et formez un petit puits dans chaque boule de pâte. Trempez le bâtonnet de bois encore humide dans les graines de sésame, puis pressez-le de nouveau dans les boules de pâte pour que les graines de sésame restent dans le creux.

6) Enfin, préchauffez une poêle et faites dorer à couvert les petits pains des deux côtés. N'ouvrez le couvercle que pour retourner les petits pains afin qu'ils ne se dessèchent pas.

https://www.bonap.fr/petits-pains-courge/

# Tortilla de chou chinois et saucisses

## Ingrédients

6 feuilles de chou chinois
1 carotte pelée
1 oignon rouge
3 œufs
3 c. à s. de farine
2 c. à s. de chapelure
Sel
Poivre
1 saucisse
10 g de graines de sésame
 noir

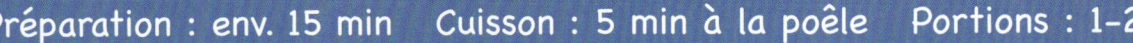

Préparation : env. 15 min    Cuisson : 5 min à la poêle    Portions : 1–2

# Aux fourneaux !

1) Coupez le chou chinois, la carotte et l'oignon rouge en lamelles. Mettez les légumes dans un bol et mélangez-les avec trois œufs battus, la farine et la chapelure. Salez et poivrez selon votre goût.

2) Faites chauffer de l'huile dans une poêle et versez-y le mélange.

3) Coupez la saucisse en petits morceaux et recouvrez la tortilla avec. Saupoudrez de graines de sésame noir. Retournez brièvement la tortilla avant de la sortir de la poêle pour que les saucisses soient légèrement grillées.

https://www.bonap.fr/omelette-pizza/

# Omelette asiatique

## Ingrédients

6 œufs
1 pincée de sel
200 ml d'huile végétale
**Pour la sauce :**
 Huile pour frire
 250 g de viande hachée
 1 poivron rouge
 1 c. à c. d'ail
 1 c. à s. de gingembre
 3 c. à s. de sauce
 piquante
 2 c. à c. de sauce soja
 200 ml de bouillon
 1 c. à s. d'amidon
 2 c. à c. de vinaigre,
 2 c. à c. de sucre
 2 oignons nouveaux

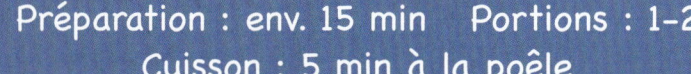

Préparation : env. 15 min   Portions : 1-2
Cuisson : 5 min à la poêle

# Aux fourneaux !

1) Battez les œufs et assaisonnez-les d'une pincée de sel.

2) Mettez l'huile dans une poêle et chauffez à 180 °C.

3) Enlevez un peu d'huile de la poêle avec une louche et mettez-la de côté.

4) Versez les œufs uniformément dans l'huile chaude de la poêle.

5) Une fois l'omelette levée, ajoutez l'huile mise de côté par-dessus. Votre préparation montera encore plus haut.

6) Retirez l'excès d'huile de la poêle et retournez l'omelette pour la faire dorer.

7) Pendant ce temps, chauffez une autre poêle. Ajoutez l'huile précédemment retirée et faites revenir le bœuf haché. Ajoutez le poivron, le gingembre et l'ail. Versez ensuite la sauce soja et la sauce pimentée. Arrosez le tout avec le bouillon et laissez mijoter environ 20 minutes. Enfin, mélangez une cuillère à soupe d'amidon avec deux cuillères à soupe d'eau et ajoutez le reste.

8) Étalez la sauce sur l'omelette encore chaude dans la poêle et garnissez le tout d'oignons nouveaux finement hachés.

https://www.bonap.fr/omelette-asiatique/

# Samoussa revisité aux trois garnitures

Triangles frits au poulet   Portions : 2
Préparation : env. 15 min
Cuisson : 5 min dans l'huile
Triangles frits au rumsteck   Portions : 2
Préparation : env. 15 min
Cuisson : 2 x 5 min dans l'huile

## Ingrédients

### Triangles frits au poulet

2 blancs de poulet (env. 300 g) cuits
150 g de fromage frais
50 g de sauce piquante
1/2 c. à s. de paprika (doux)
2 gousses d'ail
2 c. à s. de ciboulette hachée
3 tortillas
30 g de farine
30 ml d'eau
150 g de corn flakes
3 œufs
Huile pour frire

### Triangles frits au rumsteck

1 rumsteck, coupé en fines lamelles (300 g)
1 oignon, ciselé
2 gousses d'ail
1 poivron vert
Sel
Poivre
3 tortillas
30 g de farine
30 g d'eau
2 tranches de fromage (par exemple, mozzarella, cheddar)
Huile pour la cuisson

# Aux fourneaux !

## Triangles frits au poulet

1) Éffilochez les poitrines de poulet cuites à l'aide de deux fourchettes. Ajoutez le fromage frais, la sauce piquante, la ciboulette, l'ail et le paprika et mélangez le tout.

2) Mélangez la farine avec de l'eau pour obtenir une "colle" comestible.

3) Coupez une tortilla en deux et enduisez un tiers de "colle". Enroulez la demi-tortilla en cône et remplissez-la avec environ 2 cuillères à soupe du mélange de poulet. Étalez la "colle" sur le dessus du cône et pressez-le pour former un triangle. Répétez l'opération avec le reste des ingrédients pour obtenir 6 triangles.

4) Trempez les triangles dans l'œuf et les corn flakes et faites-les frire dans l'huile chaude jusqu'à ce qu'ils soient dorés.

## Triangles frits au rumsteck

1) Coupez le steak en lanières et faites-le frire dans l'huile. Dès que la viande a pris de la couleur, ajoutez les poivrons, les oignons et l'ail finement hachés. Faites revenir le tout. Assaisonnez le mélange avec du sel et du poivre et mettez-le de côté pour l'instant.

2) Mélangez la farine avec de l'eau pour obtenir une "colle" comestible. Coupez les tortillas en deux et étalez la colle sur un tiers. Placez un triangle de fromage au milieu et roulez la demi-tortilla en cône. Préparez 2 autres cônes.

3) Mettez environ 2 cuillères à soupe de la garniture de viande dans chacun des cônes et étalez la pâte avec la colle à l'ouverture. Pressez les cônes et faites-les frire dans de l'huile à 170 °C.

https://www.bonap.fr/triangles-frits/

# Brioche japonaise extra-moelleuse

## Ingrédients

**Pour le roux
(sans matière grasse) :**
  20 g de farine
  100 ml d'eau
**Pour la pâte :**
  350 g de farine
  35 g de sucre
  6 g de sel
  1 gros œuf
  10 g de lait en poudre
  110 ml de lait chaud
  5 g de levure de
    boulanger
  30 g de beurre mou
**Aussi :**
  Mélange d'œuf
    (1 œuf battu
    + 1.5 c. à s. de lait)
Plat rectangulaire aux
  bords hauts
Film alimentaire

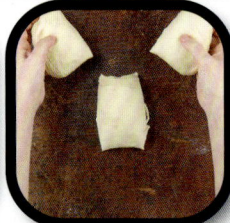

Préparation : env. 45 min   Portions : 6-8
Cuisson au four : 15 min + 30 min à 190 °C
Repos : 4 à 6 heures
(au mieux, préparer la mixture la veille) + 90 min + 15 min + 1 h

# Aux fourneaux !

1) Mélangez l'eau et la farine dans une casserole et faites chauffer à feu doux jusqu'à l'obtention d'une consistance crémeuse. Recouvrez de film alimentaire puis mettez le tout au frais 4 à 6 heures.

2) Mélangez le sel, l'œuf, le lait en poudre et le sucre dans un bol. Réservez une cuillère à soupe de sucre pour plus tard.

3) Dans un autre bol, mélangez la levure de boulanger avec la cuillère à soupe de sucre mise de côté et le lait chaud.

4) Versez la farine dans un saladier et ajoutez les mélanges des bols. Pétrissez la pâte pendant 15 minutes.

5) Ajoutez le beurre mou à la pâte avant de pétrir pendant 10 autres minutes. Faites une boule de pâte que vous déposez dans un saladier graissé et recouvrez de film alimentaire. Laissez la pâte lever pendant 90 minutes.

6) Divisez la pâte en 3 morceaux égaux et pétrissez-les. Recouvrez chaque morceau de film alimentaire et laissez reposer 15 minutes supplémentaires.

7) Étalez chaque morceau de pâte que vous repliez en deux. Ensuite étalez à nouveau les 3 morceaux et formez des rouleaux de taille identique.

8) Recouvrez le tout de film alimentaire et laissez à nouveau lever pendant 1 heure.

9) Enfournez le tout pendant 15 minutes à 190 °C. Enduisez ensuite la brioche du mélange œuf-lait et laissez à nouveau cuire pendant 30 minutes.

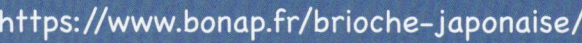

https://www.bonap.fr/brioche-japonaise/

# Fleurs de courgette et saumon

## Ingrédients

1 pâte feuilletée rectangulaire
1 courgette
4 c. à s. de fromage frais
200 g de saumon fumé

Préparation : env. 30 min    Portions : 4
Cuisson au four : 20 min à 180 °C

# Aux fourneaux !

1) Découpez la courgette en tranches assez fines. Déroulez la pâte feuilletée et coupez-la en quatre lamelles dans le sens de la longueur.

2) Déposez les lamelles de pâte feuilletée sur le plan de travail fariné et tartinez les 2/3 supérieurs de ces dernières avec du fromage frais.

3) Déposez des tranches de courgettes sur la partie haute de la bande en les chevauchant et en les faisant dépasser de la pâte. Ajoutez ensuite le saumon fumé en lamelles par dessus les courgettes (il ne doit pas dépasser la hauteur de la pâte pour un meilleur effet visuel).

4) Repliez la partie basse de la pâte, laissée sans fromage frais, par dessus le saumon et enroulez le tout pour avoir une jolie fleur verte et orangée.

5) Déposez vos fleurs sur une feuille de papier cuisson, elle-même sur une plaque, et enfournez pendant 20 minutes à 180 °C, jusqu'à ce que la pâte soit croustillante.

https://www.bonap.fr/fleur-courgette-saumon/

# Brioche léopard

## Ingrédients

250 ml de lait (plus 2
 c. à s. supplémentaires
 de lait entier)
1 c. à c. d'arôme vanille
1/2 c. à c. de sel
25 g de Maïzena
50 g de beurre
375 g de farine
70 g de sucre
10 g de levure sèche
20 g de cacao en poudre
Moule à cake

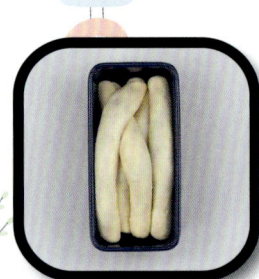

Préparation : env. 40 min    Portions : 6-8
Cuisson au four : 40 min à 170 °C    Repos : 30 min + 90 min

# Aux fourneaux !

1) Mettez le lait, l'arôme vanille, le sel et la Maïzena dans une casserole et laissez mijoter à feu moyen. Ajoutez ensuite le beurre que vous faites fondre. Mélangez le tout. Laissez refroidir environ 30 minutes.

2) Pétrissez le mélange avec la farine, le sucre et la levure pour obtenir une pâte élastique.

3) Coupez la pâte en deux et réservez la moitié.

4) Divisez une nouvelle fois l'une des moitiés. Ajoutez environ 5 g de cacao en poudre à un quart de pâte et environ 15 g de cacao en poudre à l'autre quart. Ajoutez 1 c. à s. de lait à chacun des quartiers de pâte. Couvrez les trois pâtons et laissez-les reposer à température ambiante pendant environ 90 minutes.

5) À partir des trois pâtons, formez 7 boules de la même taille chacune. Vous avez maintenant un total de 21 boules de pâte. Formez des boudins avec les boulettes de pâte brun clair. Étalez les boulettes de pâte brun foncé à plat sur toute leur longueur, pareil pour la pâte claire.

6) Enveloppez les boudins de pâte brun clair dans les pâtons plus foncés. Il n'est pas nécessaire que le résultat soit complètement uniforme.

7) Enveloppez à nouveau les pâtons bruns dans une pâte blanche en refermant bien les extrémités.

8) Placez tous les pâtons finis dans un moule graissé. Pressez-les à plat comme vous le voulez, car la forme n'a pas d'importance ici.

9) Couvrez le moule et laissez la pâte levée jusqu'à ce qu'elle ait à peu près doublé de volume. Étalez du lait sur la pâte et placez le moule dans le four à 170 °C pendant 40 minutes, à chaleur tournante. Une fois la brioche refroidie, démoulez-la avec précaution.

 https://www.bonap.fr/brioche-leopard/

# Œufs mimosa d'une autre façon

## Ingrédients

6 œufs

**Pour la crème moutarde-sauce chili :**
- 1 1/2 c. à s. de yaourt
- 1 c. à c. de moutarde
- 1 c. à c. de sauce chili
- Sel

**Pour la crème betterave-piment :**
- 2 c. à s. de mayonnaise
- 1 pincée de piment de Cayenne
- 1 pincée de betterave en poudre
- Sel

**Aussi :**
- Noix
- Paprika
- Persil

Papier aluminium

Moule à muffins

Préparation : env. 20 min    Portions : 2-3
Cuisson au four : 13 min à 150 °C

# Aux fourneaux !

1) Graissez un moule à muffins. Séparez ensuite les œufs dans le moule de sorte que six chambres soient remplies chacune d'un jaune d'œuf et les six autres d'un blanc d'œuf.

2) Formez maintenant deux rouleaux avec les morceaux de papier aluminium et mettez-les dans un plat à gratin légèrement plus grand que le moule à muffins. Placez le moule à muffins sur les rouleaux et versez de l'eau dans le plat à gratin.

3) Recouvrez le tout d'une feuille de papier aluminium. Enfournez pendant 13 minutes à 150 °C à chaleur tournante et laissez refroidir.

4) Pour la crème moutarde-sauce chili, mélangez trois jaunes d'œufs avec le yaourt, la moutard, la sauce chili et assaisonnez avec du sel. Versez le mélange dans une poche à douille et déposez-le sur trois blancs d'œufs.

5) Pour la crème betterave-piment, mélangez les trois jaunes d'œufs restants avec la mayonnaise, le piment de Cayenne, la poudre de betterave et assaisonnez avec du sel. Versez le mélange dans une poche à douille et déposez-le sur trois blancs d'œufs.

6) Servez les œufs mimosa après avoir décoré ceux à la betterave avec des noix hachées et ceux à la sauce chili avec du paprika et du persil.

https://www.bonap.fr/deux-variantes-mimosa/

# 3 variantes de pains au lait sur bâtonnet

## Ingrédients

**Pour chaque variante :**
2 pains au lait
2 bâtonnets de glace en bois
1 appareil à croques-monsieur

**Fruité chocolaté**
Env. 2 barres de chocolat au lait (50 g)
2 fraises
1/4 de banane

**Sandwich jambon-fromage**
Beurre
2 tranches de jambon blanc
2 tranches de fromage
2 tomates cerises

**Campagnard**
1 oignon
4 tranches de lard
2 tranches de camembert

Préparation : env. 10 min   Toaster : 3 min
Portions : 2 par variante

# Aux fourneaux !

1) Coupez les pains au lait en deux et mettez les bâtonnets de glace sur une moitié de chaque pain.

2) Fruité et chocolaté : râpez les morceaux de chocolat au lait sur les moitiés des pains. Recouvrez ensuite les tranches de fraise et de banane.

Sandwich au jambon-fromage : tartiner les moitiés de pain avec du beurre. Ensuite, recouvrez de tranches de jambon et de fromage et de tranches de tomates cerises.

Campagnard : coupez l'oignon en tranches et faites-le frire avec le lard dans l'appareil à croques-monsieur. Mettez ensuit le tout sur les moitiés de pain avec le camembert.

3) Refermez les moitiés de pains au lait et faites-les dorer dans l'appareil à croque-monsieur pendant environ 3 minutes.

https://www.bonap.fr/pain-au-lait-en-batonnet/

# Gratin de courgettes farcies à la viande hachée

## Ingrédients

**Pour les courgettes farcies:**
  6 petites courgettes
  600 g de viande hachée
  60 g de parmesan
  1 c. à s. de persil haché
  1 tranche de pain de mie
  Sel
  Poivre
  Noix de muscade
  1 œuf

**Pour la sauce :**
  5 c. à s. de beurre
  1 oignon ciselé
  3 c. à s. de farine
  480 ml de lait
  Sel
  Poivre

**Aussi :**
  60 g de parmesan râpé
  60 g de chapelure
Plat à tarte (ø 24 cm)

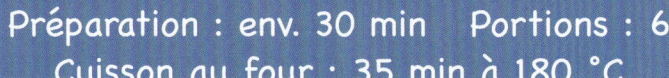

Préparation : env. 30 min    Portions : 6
Cuisson au four : 35 min à 180 °C

# Aux fourneaux !

1) Coupez les courgettes en 4 ou 5 morceaux selon la taille et évidez-les avec un petit verre à shooter, un emporte-pièce ou un couteau.

2) Coupez la chair en petits morceaux. Mélangez-la ensuite avec la viande hachée, le parmesan, le persil, le pain de mie émietté et un œuf. Assaisonnez avec du sel, du poivre et de la noix de muscade.

3) Remplissez les morceaux de courgettes creuses avec la farce de viande hachée et placez-les verticalement dans un plat à tarte.

4) Dans une casserole, faites fondre le beurre et faites revenir l'oignon ciselé. Ajoutez ensuite la farine et le lait. Portez la sauce à ébullition, salez, poivrez et réduisez le tout en purée.

5) Versez la sauce sur les courgettes farcies et saupoudrez-les de parmesan et de chapelure. Enfournez pendant 35 minutes à 180 °C jusqu'à ce qu'elles soient dorées.

https://www.bonap.fr/gratin-courgettes-farcies/

# Gratin d'œufs mimosa à la viande et béchamel

## Ingrédients

**Pour les œufs mimosa :**
5 œufs
250 g de viande hachée
1/2 oignon
4 c. à s. de sauce tomate
100 g de mozzarella
 râpée
Sel
Poivre
Huile

**Pour la sauce béchamel :**
700 cl de lait
3 c. à s. de farine
35 g de beurre
Sel
Poivre
Muscade
Plat à gratin
(env. 18 x 28 cm)

Préparation : env. 30 min   Portions : 3
Cuisson au four : 10 min à 200 °C

# Aux fourneaux !

1) Faites bouillir les 5 œufs jusqu'à ce qu'ils soient durs. Faites ensuite revenir la viande hachée dans une poêle chaude avec un peu d'huile. Ajoutez l'oignon ciselé, salez et poivrez. Une fois les oignons transparents, retirez la poêle de la plaque de cuisson et réservez brièvement pour que la viande hachée puisse refroidir un peu.

2) Pelez les œufs durs et coupez-les en deux dans le sens de la longueur. Retirez le jaune d'œuf de tous les œufs et ajoutez-les à la viande hachée.

3) Mettez le beurre et la farine dans une casserole. Portez à ébullition et incorporez le lait tout en remuant. Assaisonnez la sauce avec du sel, du poivre et de la muscade. Laissez mijoter un peu plus longtemps la sauce béchamel. Une fois qu'elle a épaissi, retirez-la du feu.

4) Ajoutez une louche de sauce béchamel à la viande hachée et mélangez le tout.

5) Remplissez maintenant chaque moitié de l'œuf avec une cuillère à soupe du mélange de viande hachée.

6) Déposez les œufs mimosa dans un plat allant au four et versez-y le reste de la sauce béchamel. Ajoutez la sauce tomate aux œufs et saupoudrez de mozzarella râpée. Placez le plat dans le four à 200 °C pendant 10 minutes, à chaleur tournante.

https://www.bonap.fr/gratin-oeufs-mimosa/

# Mini Calzone

## Ingrédients

Farine
1 pâte à pizza
  rectangulaire
Minis boules de
  mozzarella
Jambon cru
Feuilles de basilic
Tomates cerises
Moule à glaçons

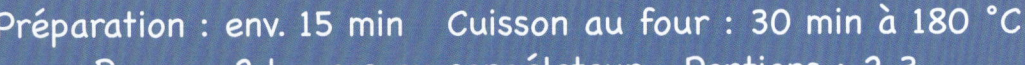

Préparation : env. 15 min    Cuisson au four : 30 min à 180 °C
Repos : 2 heures au congélateur    Portions : 2-3

# Aux fourneaux !

1) Coupez votre pâte à pizza en deux et placez un des deux morceaux dans un moule à glaçons préalablement fariné. Appuyez sur la pâte avec le doigt pour qu'elle rentre bien dans chaque cube.

2) Placez une boule de mozzarella dans chaque trou puis ajoutez du jambon cru sur la première rangée, du basilic sur la deuxième et des tomates cerises coupées en tranches sur la dernière.

3) Recouvrez le tout avec l'autre morceau de pâte puis passez le rouleau à pâtisserie par-dessus. Coupez l'excèdent de pâte puis mettez au congélateur pendant 2 heures.

4) Démoulez le tout, coupez les différentes portions et enfournez à 180 °C pendant 30 minutes.

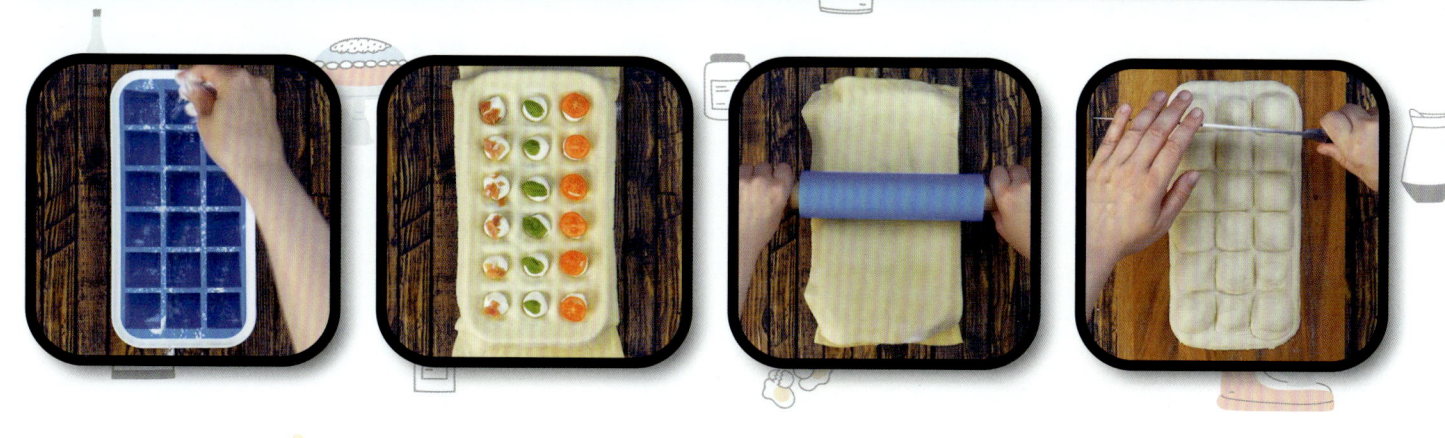

https://www.bonap.fr/cubes-de-pizza/

# Couronne de pommes de terre et jambon

## Ingrédients

1 kg de pommes de terre
3 c. à s. de crème fraîche
Sel
Poivre
1/2 bouquet de ciboulette
1 échalote
4 tranches de jambon cru
2 pâtes feuilletées rondes
**Aussi :**
  1 jaune d'œuf
  1 camembert

Préparation : env. 30 min    Portions : 4
Cuisson au four : 40 min à 200 °C

# Aux fourneaux !

1) Placez les pommes de terre bouillies dans un saladier et écrasez-les en purée à l'aide d'une fourchette. Ajoutez la crème fraîche, le sel, le poivre, la ciboulette, l'échalote ciselée et le jambon et mélangez bien.

2) Placez maintenant l'une des pâtes feuilletées sur une plaque recouverte de papier sulfurisé, étalez la purée de pommes de terre sur les bords de la pâte, comme pour former un anneau. Laissez un bord extérieur d'environ 1,5 cm et suffisamment d'espace au milieu pour le fromage.

3) Posez ensuite la deuxième pâte sur le dessus. Utilisez vos doigts pour sceller les deux parties et presser au centre de l'anneau. Appuyez sur les rebords avec les dents d'une fourchette.

4) Faites maintenant des incisions dans l'anneau à une distance d'environ 2,5 cm. Tournez ensuite tous les morceaux coupés vers le haut de façon à ce que le remplissage soit visible.

5) Badigeonnez ensuite toute la surface avec du jaune d'œuf. Avant de placer le plat au four, coupez un cercle et faites une croix sur le couvercle du camembert. Placez le fromage au milieu du plat et cuisez l'anneau pendant 40 minutes à 200 °C avant de savourer.

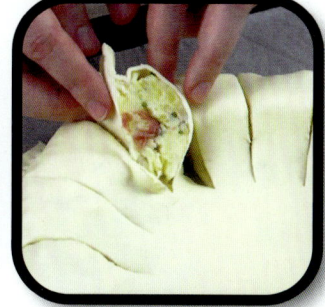

https://www.bonap.fr/spirale-camembert-au-four/

# Poivrons farcis, manteau de viande hachée et bacon

## Ingrédients

6 mini poivrons
6 cubes de fromage
**Pour les œufs battus :**
 3 œufs
 Sel
 Poivre
**Pour les boulettes de viande :**
 500 g de viande hachée
 2 œufs
 2 tranches de pain de mie sans croûte
 1 c. à c. de paprika
 Sel
 Poivre
 12 tranches de lard
Bâtonnets en bois
Brochette

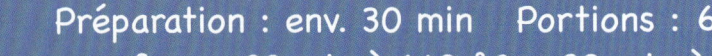

Préparation : env. 30 min    Portions : 6
Cuisson au four : 20 min à 140 °C + 20 min à 180 °C

# Aux fourneaux !

1) Coupez le dessus des poivrons et videz-les. Placez un cube de fromage dans chaque poivron, puis embrochez-les sur une brochette préalablement trempée dans l'eau ; elle doit être assez longue pour être suspendue dans le four.

2) Battez les œufs et assaisonnez de sel et de poivre. Versez ensuite le mélange dans les poivrons.

3) Faites cuire les poivrons farcis au four pendant environ 20 minutes à 140 °C, à chaleur tournante.

4) Pendant ce temps, mélangez la viande hachée avec les œufs et la mie de pain. Assaisonnez avec le paprika, le sel et le poivre.

5) Sortez les poivrons du four et laissez-les refroidir brièvement. Retirez-les de la brochette et enveloppez chaque poivron de viande hachée. Enroulez ensuite deux tranches de lard autour de chaque boule de viande.

6) Placez maintenant les boulettes de viande hachées dans un moule à muffins et plantez un bâtonnet de glace dans chacune d'elles. Enfin, enfournez le tout pendant 20 minutes à 180 °C jusqu'à ce que les boules soient dorées et croustillantes.

https://www.bonap.fr/boule-proteinee-sur-batonnet/

# Chips transparentes et sauce épicée

## Ingrédients

**Pour les chips :**
1 L d'eau
Sel
3 c. à s. de fécule de
pomme de terre
Huile pour frire

**Pour la sauce :**
700 g de pommes de
terre (farineuses)
150 g de fromage à pâte
molle (ex. Camembert)
1 c. à c. de paprika
(épicé)
120 g de tranches
de lard
Sel et poivre selon
le goût

Préparation : env. 30 min    Portions : 2
Cuisson au four : 4 à 6 h à 50 °C + 10 sec à 160 °C

# Aux fourneaux !

1) Lavez et épluchez les pommes de terre. Faites-les bouillir dans de l'eau salée jusqu'à ce qu'elles soient tendres, puis laissez-les mijoter à couvert pendant environ une demi-heure avant de les retirer de l'eau.

2) Mélangez maintenant l'eau des pommes de terre avec la fécule et faites bouillir le tout en remuant jusqu'à ce que la préparation devienne transparente et gélatineuse. Conseil : attendez que l'eau des pomme de terre ait refroidi et versez-la à travers un torchon propre avant de la mélanger avec la fécule et de la faire bouillir. Ainsi, vous n'aurez pas de morceaux de pommes de terre dans vos chips transparentes plus tard.

3) À l'aide d'une cuillère, déposez la gélatine de pomme de terre sur une plaque à pâtisserie recouverte de papier sulfurisé et laissez les chips sécher au four pendant 4 à 6 heures à 50 °C.

4) En attendant, vous pouvez vous occuper de la sauce : faites bien frire les tranches de lard dans l'huile et laissez-le refroidir. Émiettez ensuite le fromage et ajoutez-le aux pommes de terre. Mettez également le paprika et l'huile de la friture du lard dans le bol et réduisez tous les ingrédients en purée pour obtenir une sauce crémeuse. Enfin, émiettez le lard et incorporez-le au tout. Assaisonnez la sauce avec du sel et du poivre selon votre goût.

5) Faites frire les chips une par une pendant une dizaine de secondes à 160°C, égouttez-les bien et laissez-les refroidir complètement avant de les déguster avec la sauce.

https://www.bonap.fr/chips-transparentes/

# Pizza Reine en pâte de pommes de terre

## Ingrédients

1-2 grosses pommes de terre
2 c. à s. de parmesan
80 ml de sauce tomate
1 c. à c. d'origan
1 champignon
1 mozzarella
1 œuf
3 tranches de jambon
Poivre au goût
Huile d'olive pour la cuisson

Préparation : env. 20 min    Portions : 1-2
Cuisson à la poêle : 5 min sans couvercle + 5 min à couvert

# Aux fourneaux !

1) Épluchez les pommes de terre et coupez-les en fines tranches. Faites chauffer un peu d'huile dans une poêle et placez les tranches de pommes de terre en cercle sur tout le fond de la poêle jusqu'à le recouvrir et en les intercalants. Saupoudrez les pommes de terre de parmesan et laissez cuire pendant 5 minutes.

2) Étalez la sauce tomate sur les pommes de terre gratinées et saupoudrez d'origan.

3) Coupez les champignons en fines tranches et déposez-les sur la sauce tomate.

4) Déchirez la mozzarella en morceaux et mettez-les entre les tranches de champignons.

5) Placez l'œuf comme un œuf au plat au centre du cercle de mozzarella aux champignons et laissez cuire à couvert environ 5 minutes.

6) Garnissez la pizza de jambon avant de servir et assaisonnez selon votre goût avec du sel et du poivre.

https://www.bonap.fr/pizza-pdt/

# Fondue de camembert, épinards et ricotta

## Ingrédients

**Pour la pâte :**
500 g de farine
200 ml d'eau tiède
90 ml d'huile végétale
2 c. à c. de sel

**Pour la garniture :**
350 g d'épinards cuits
350 g de ricotta
1 œuf
100 g de parmesan
Sel
Poivre

**Aussi :**
1 Camembert
(env. 250 g)
1 œuf battu

Préparation : env. 30 min   Portions : 4
Cuisson au four : 40 min à 180 °C

144

# Aux fourneaux !

1) Pétrissez la farine, l'huile, l'eau et le sel pour obtenir une pâte lisse et laissez reposer pendant une demi-heure.

2) Pressez les épinards de façon à ce qu'il n'y ait plus d'eau. Mélangez-les ensuite avec la ricotta, l'œuf et le parmesan. Assaisonnez le mélange avec du sel et du poivre. Divisez la pâte en deux moitiés que vous étalez en ronds de même taille. Placez le camembert au milieu d'une moitié de pâte et déposez le mélange épinards-ricotta en cercle autour de celui-ci, en veillant à laisser un espace d'environ 2 à 3 cm du bord.

3) Fouettez l'œuf et enduisez la pâte encore visible avec.

4) Couvrez le tout avec la deuxième moitié de la pâte qui vient d'être étalée ; scellez les bords avec une fourchette.

5) Maintenant, faites environ 20 à 25 entailles tout autour de la pâte sans toucher le camembert.

6) Retournez les morceaux découpés de pâte à 180 °.

7) Badigeonnez toute la surface avec le reste d'œuf battu et faites cuire pendant 40 minutes dans un four à 180 °C, en mode convection.

8) Retirez ensuite avec précaution le dessus du camembert, détachez un morceau de pâte contenant les épinards et la ricotta, trempez-le profondément dans le fromage crémeux et dégustez-le.

https://www.bonap.fr/couronne-camembert-epinards/

# Cheesy chicken nuggets et ses 4 sauces maison

## Ingrédients

**Sauce Chili sucrée-mayo :**
100 g de mayonnaise
3 c. à s. de sauce Chili sucrée
1 c. à s. de coriandre ciselée

**Sauce wasabi-mayo :**
100 g de mayonnaise
1 c. à s. de wasabi
1 c. à c. de graines de sésame noir

**Sauce airelles-mayo :**
100 g de mayonnaise
2 c. à s. d'airelles
Poivre noir

**Sauce crème aigre-mayo :**
100 g de mayonnaise
50 g de crème fraîche
1 c. à s. de ciboulette ciselée

**Pour les nuggets de poulet au cœur cheesy :**
2 blancs de poulet
100 g de fromage
3 c. à s. de Maïzena
1 c. à c. d'ail en poudre
Sel
Poivre
1 œuf
Farine
Huile pour frire

Préparation : 15 min    Portions : 2
Cuisson : 5 min en friture

# Aux fourneaux !

1) Pour les sauces, il suffit simplement de mélanger chaque ingrédient dans des petits bols.

2) Coupez les blancs de poulet en tout petits morceaux et mettez-les dans un saladier.

3) Coupez le fromage en cubes que vous ajoutez à la viande. Versez ensuite l'œuf, la Maïzena et le reste des ingrédients (sauf la farine) puis mélangez bien le tout.

4) Versez de la farine dans un autre saladier et plongez quelques portions de viande assaisonnée dedans. Façonnez les nuggets avec vos doigts.

5) Faites-les frire des deux côtés dans une poêle remplie d'huile jusqu'à ce qu'ils soient croustillants.

https://www.bonap.fr/nuggets-au-coeur-cheesy/

# Pilons de poulet farcis au fromage

148

## Ingrédients

**Pour la pâte :**
250 g de farine
1/2 c. à c. de sel
1/2 c. à c. de sucre
1/2 c. à c. de levure
  chimique
1 œuf
150 g de fromage frais
1 c. à s. d'huile végétale

**Pour les pilons :**
5 pilons de poulet
1 c. à c. de paprika
1 gousse d'ail
1 c. à c. de sel
1/2 c. à c. de poivre
1 c. à s. d'huile végétale

**Pour la garniture :**
1 poivron rouge
75 g de cheddar râpé
50 g de fromage
  fondu Velveeta

**Aussi :**
Env. 4 L d'huile
  pour frire

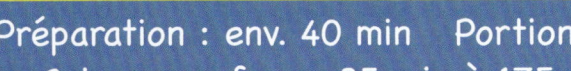

Préparation : env. 40 min    Portions : 2
Cuisson au four : 35 min à 175 °C
Repos : 1 h au frais + 20 min au congélateur

# Aux fourneaux !

1) Préparez la pâte : mélangez la farine, le sel, le sucre et la levure chimique dans un saladier. Dans un deuxième bol, mélangez l'œuf, le fromage frais et l'huile végétale. Ensuite, versez le bol de liquide dans les ingrédients secs et mélangez le tout. Travaillez à la main pour obtenir une pâte compacte et laissez reposer pendant au moins 1 heure au réfrigérateur.

2) Assaisonnez les pilons de poulet avec du paprika, de l'ail, du sel et du poivre. Ajoutez de l'huile et placez-les sur une plaque de cuisson recouverte de papier sulfurisé. Faites-les cuire pendant 35 minutes dans un four à 175 °C, en mode convection. Laissez-les refroidir et retirez la viande des os. Coupez la viande en petits morceaux et nettoyez les os. Mettez les os de côté pour l'instant, vous en aurez encore besoin plus tard.

3) Mettez la viande finement hachée dans un saladier et ajoutez les poivrons coupés en dés, le fromage fondu Velveeta et le cheddar. Mélangez tout.

4) Sortez la pâte du réfrigérateur et divisez-la en 5 morceaux de taille égale. Façonnez les pâtons en galettes.

5) Déposez une cuillère à soupe de chaque mélange viande-fromage-poivron sur les galettes de pâte. Enfoncez l'un des os nettoyés au milieu et pressez la pâte tout autour pour que l'aspect original du pilon soit restauré. Mettez le tout au congélateur pendant 20 minutes.

6) Chauffez l'huile dans une casserole à environ 175 °C et faites frire les pilons. Tenez-les par l'os afin de pouvoir faire frire la zone de pâte sans problème, mais attention à ne pas vous brûler. Faites-les frire jusqu'à ce qu'elles soient dorées.

https://www.bonap.fr/cuisses-poulet-fromage/

# Cornets de pizza garnis

## Ingrédients

1 pâte à pizza ronde
Du fromage râpé
De la sauce tomate
Des oignons
Des poivrons
Des tranches de chorizo
Papier sulfurisé

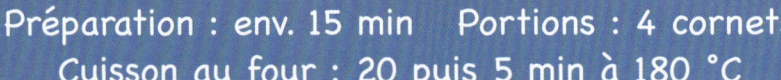

Préparation : env. 15 min    Portions : 4 cornets
Cuisson au four : 20 puis 5 min à 180 °C

# Aux fourneaux !

1) Pliez une feuille A4 deux fois en quatre. Prenez l'un des coins supérieurs pour le ramener sur le côté d'en face de sorte à avoir un triangle à angle droit. Pliez en deux en partant du coin inférieur droit pour donner la forme d'un cône. Ouvrez le cornet et pliez à l'intérieur le bout de papier qui dépasse. Faites-en 4, et enroulez-les de papier sulfurisé.

2) Coupez la pâte à pizza en 4 parts égales et enroulez chacune d'elle autour d'un cornet.

3) Posez les cornets de pâte sur une plaque allant au four et faites cuire pendant 20 minutes à 180 °C. Une fois cuits, laissez le four allumé et vos cornets refroidir avant d'enlever leur moule de papier.

4) Pour faire tenir les cornets sur leur pointe, mettez-les dans un verre. Garnissez ensuite avec une pincée de fromage, un peu de sauce tomate, pourquoi pas une nouvelle pincée de fromage, encore de la sauce, les oignons, les poivrons, les tranches de chorizo. Pour finir le tout, encore une pincée de fromage râpé. Enfournez de nouveau pendant 5 petites minutes.

https://www.bonap.fr/cornets-pizza/

Gâteau échiquier

Dôme fraisié

Gâteau galaxie

Gâteau de crêpes
à la mangue

Cheesecake élégant
aux myrtilles

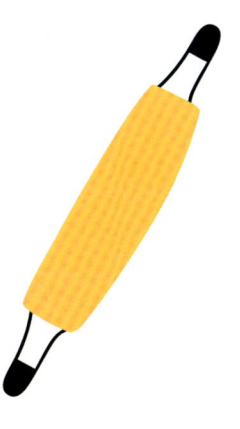

Dôme Polka

# Dessert & Gourmandise

Tarte aux roulés
de pommes cannelle

Gâteau graphique
framboise et chocolat

# Pudding fleuri à la vanille

## Ingrédients

**Pour le fond :**
300 g de biscuits d'avoine
140 g de beurre fondu

**Pour le pudding :**
120 g de sucre
6 jaunes d'œufs
750 ml de lait
15 g de beurre
Pulpe d'une gousse de vanille
10 g de Maïzena
10 feuilles de gélatine

**Pour le nappage :**
1 poignée de framboises
3-4 kiwis
1 mangue
Feuilles de menthe pour la déco
6 bouteilles en plastique vides (0,5 L)
Moule à charnière (ø 28 cm)
Trombone

Préparation : env. 40 min
Repos : 5 h au total

# Aux fourneaux !

1) Commençons par le fond : émiettez les biscuits à l'avoine et mélangez-les avec le beurre fondu. Tassez ensuite fermement le mélange dans un moule à charnière graissé.

2) Coupez les fonds des six bouteilles en plastique de façon à ce qu'ils soient environ 5 cm de haut.

3) Trempez la gélatine dans de l'eau pour la ramolir. Mettez le sucre, les jaunes d'œufs, le lait, le beurre, la pulpe de vanille et l'amidon dans une casserole et faites chauffer les ingrédients en remuant constamment jusqu'à obtenir une crème épaisse. Incorporez ensuite la gélatine imbibée jusqu'à ce qu'elle soit complètement dissoute.

4) Versez maintenant environ deux centimètres de pudding dans le moule et laissez-le refroidir pendant un court instant. Graissez ensuite le fond des bouteilles et pressez-les délicatement avec l'ouverture vers le bas dans la crème.

5) Versez ensuite le reste du pudding dans le moule et mettez-le au réfrigérateur pendant au moins trois heures. Le fond des bouteilles doit être visible.

6) Une fois refroidi, dépliez un trombone et brûlez-en une extrémité. Percez un petit trou dans le fond de chaque bouteille avec le trombone encore chaud et retirez soigneusement les bouteilles du pudding. Vous avez maintenant de petites cavités en forme de fleurs.

7) Mettez 2 framboises, 1/2 kiwi en morceaux et quelques morceaux de mangue de côté. Réduisez le reste des fruits en purées distinctes. Remplissez ensuite chaque fleur avec un type de purée et ajoutez les fruits en morceaux par dessus. Ajoutez quelques feuilles de menthe avant de servir.

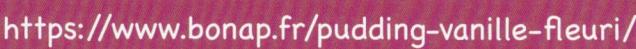

https://www.bonap.fr/pudding-vanille-fleuri/

# Gâteau graphique framboise et chocolat

## Ingrédients

**Pour la pâte :**
250 g de beurre fondu
200 g de farine
6 œufs
160 g de sucre
150 ml de lait
1 c. à c. de levure chimique
1 pincée de sel
2 c. à s. de cacao en poudre

**Pour la crème à la framboise :**
175 g de framboises
100 g de sucre
75 ml d'eau
200 g de fromage frais
150 g de crème liquide
1 c. à s. d'arôme vanille

**Aussi :**
Sucre glace
Feuilles de menthe
Framboises

Moule à charnière (ø 18 cm)
Moule pour mettre le moule à charnière dedans
Un petit plat de la moitié du grand moule
1 feuille de papier épais
Ciseaux

Préparation : env. 30 min    Portions : 8-10
Cuisson au four : 35 min + 20 min à 160 °C
Repos : 2 x 60 min

# Aux fourneaux !

1) Mélangez tous les ingrédients de la pâte sauf le cacao. Remplissez un petit saladier avec environ un tiers de la pâte et mélangez le cacao avec les deux autres tiers.

2) Prenez le grand moule et déposez le plus petit moule dedans, sur un côté. Déposez le moule à charnière recouvert de papier sulfurisé dessus de façon à ce qu'il soit incliné dans le grand moule. Versez la pâte au cacao à l'intérieur du moule à charnière. Faites cuire le gâteau dans cette position pendant 25 minutes au four à 160 °C, en mode convection.

3) Une fois la cuisson terminée, remplissez la pâte à gâteau claire dans le moule à charnière à nouveau placé en biais et mettez le tout au four à 160 °C pendant 20 minutes supplémentaire, en mode convection. Laissez le gâteau refroidir.

4) Pour la crème à la framboise, faites d'abord bouillir les framboises avec du sucre et de l'eau et passez-les ensuite à travers un tamis fin. Laissez reposer une heure. Fouettez le fromage frais avec la crème liquide et l'arôme vanille jusqu'à obtenir une masse ferme et mélangez ensuite le tout avec la purée de framboises. La crème à la framboise est prête.

5) Posez maintenant le moule à charnière sur une surface plane, versez la crème à la framboises et lissez. Mettez le gâteau au frigo pendant environ une heure avant de le retirer délicatement du moule.

6) Découpez un triangle dans une feuille de papier épais, mettez-le de côté et placez soigneusement le reste du gabarit sur le gâteau. Tamisez ensuite le sucre glace dans le triangle et retirez soigneusement la feuille du gâteau.

7) Terminez par une petite touche de déco : déposez quelques framboises surplombées d'une feuille de menthe, au milieu de gâteau.

https://www.bonap.fr/gateau-trio-sucre/

# Dôme Polka

## Ingrédients

**Pour le pudding au chocolat blanc :**
- 350 g de chocolat blanc
- 400 ml de crème chaude
- 6 feuilles de gélatine
- 6 jaunes d'œufs
- 50 g de sucre

**Pour le pudding au chocolat noir :**
- 250 g de chocolat noir
- 500 ml de crème chaude
- 4 feuilles de gélatine
- 6 jaunes d'œufs
- 50 g de sucre
- Bol (idéalement en silicone – ø 20 cm)
- Bol (idéalement en silicone – ø 15 cm)
- Plaque de cuisson

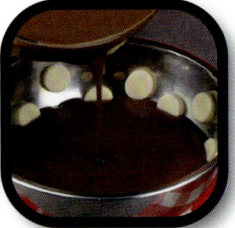

Préparation : env. 40 min    Repos : 12 heures    Portions : 10

# Aux fourneaux !

1) Pour le pudding clair, mélangez d'abord le chocolat blanc avec la crème chaude et la gélatine (trempez cette dernière dans l'eau froide au préalable). Remuez jusqu'à ce que le chocolat et la gélatine soient dissous dans la crème.

2) Battez les jaunes d'œufs avec le sucre jusqu'à obtenir une consistance crémeuse.

3) Incorporez délicatement le mélange crème-chocolat dans le mélange œuf-sucre. Remuez délicatement le mélange jusqu'à ce qu'il soit froid pour empêcher que les ingrédients ne se séparent.

4) Versez 1/3 du pudding au chocolat blanc sur une petite plaque à pâtisserie/de cuisson et laissez durcir. Faites ensuite de petits cercles avec un bouchon de bouteille par exemple. Pendant que le pudding blanc durcit, préparez le pudding au chocolat noir, à la manière du blanc.

5) Répartissez les cercles blancs sur les parois du grand bol.

6) Versez les 2/3 du pudding au chocolat noir dans le bol.

7) Prenez maintenant le bol plus petit et pressez-le soigneusement au milieu du pudding au chocolat.

8) Attendez que le pudding au chocolat ait durci avant de retirer le plus petit bol.

9) Remplissez les 2/3 restants du pudding au chocolat blanc dans le grand bol (s'il s'est solidifié entre-temps, faites-le simplement chauffer brièvement au micro-ondes, pour le faire redevenir liquide). Laissez ensuite le pudding refroidir brièvement pour qu'il devienne légèrement ferme.

10) Remplissez le dernier tiers du pudding au chocolat noir dans le moule. Réchauffez-le également brièvement au micro-ondes s'il a déjà durci.

11) Mettez le tout au réfrigérateur pendant au moins 12 heures avant de servir !

https://www.bonap.fr/pudding-tachete/

# Triangles biscuités à la noisette

## Ingrédients

**Pour la pâte brisée :**
470 g de farine
190 g de beurre tendre
 ou de margarine
140 g de sucre
3 œufs
1.5 c. à c. de levure
 chimique
1 pincée de sel
3 c. à s. de confiture
 d'abricot

**Pour la garniture :**
200 g de beurre
130 g de sucre
2 c. à c d'arôme vanille
4 c. à s. d'eau
400 g de noisettes

**Pour la déco :**
200 g de chocolat noir
 pâtissier
200 g de chocolat
 pâtissier au lait
2 c. à s. d'huile

Préparation : env. 40 min    Portions : 24 biscuits
Cuisson au four : 30 min à 160 °C
Repos : 30 min au frais

# Aux fourneaux !

1) Pour la pâte brisée : mettez la farine, le beurre, le sucre, les œufs, la levure chimique et une pincée de sel dans un saladier et pétrissez le tout avec vos mains jusqu'à obtenir une pâte lisse. Enveloppez-la de film alimentaire et placez-la au réfrigérateur pendant une demi-heure.

2) Tapissez une plaque de cuisson avec du papier sulfurisé et étalez la pâte uniformément sur celle-ci.

3) Versez la confiture d'abricots sur la pâte et étalez-la uniformément.

4) Mettez les noisettes dans un sachet congélation ou dans un torchon et écrasez-les avec un rouleau à pâtisserie, une casserole ou une poêle. L'essentiel est d'obtenir de beaux petits morceaux.

5) Faites fondre le beurre dans une casserole, ajoutez le sucre, l'arôme vanille et l'eau et portez le tout à ébullition. Ajoutez les noisettes hachées et mélangez bien.

6) Mettez le mélange aux noisettes sur la pâte sur la plaque de cuisson et étalez-le uniformément. Enfournez à 160 °C pendant 30 minutes, en mode convection.

7) Sortez la plaque du four et laissez refroidir. Coupez 12 carrés dans la pâte et découpez ces derniers en diagonale de manière à avoir 24 triangles devant vous.

8) Faites fondre le chocolat au lait et le chocolat noir au bain-marie. Ajoutez 2 cuillères à soupe d'huile et mélangez bien. Maintenant, trempez les bords courts des triangles dans le chocolat fondu et placez-les sur du papier sulfurisé pour les faire sécher.

http://bonap.fr/triangles-noisettes/

# Crème caramel et son coffre doré

## Ingrédients

**Pour le caramel :**
200 g de sucre
50 ml d'eau à température ambiante
4 petits récipients

**Pour le flan :**
500 ml de lait
1/2 gousse de vanille
4 œufs
125 g de sucre
4 petis ramequins
4 récipients plus hauts que les ramequins

Préparation : env. 30 min
Cuisson au four : 25 min à 170 °C
Repos : 90 min    Portions : 4

# Aux fourneaux !

1) Faites chauffer le sucre et l'eau dans une casserole jusqu'à ce que le caramel devienne brun. Laissez ensuite le caramel refroidir brièvement jusqu'à ce que les bulles aient disparu. Remplissez une partie du caramel dans quatre ramequins, de manière à couvrir le fond. Disposez ensuite les récipients dans un plat allant au four et laissez refroidir. Le reste du caramel sera utilisé plus tard pour la décoration.

2) Pour le flan, coupez une gousse de vanille en deux et faites bouillir sa pulpe avec le lait.

3) Mélangez le lait vanillé avec les œufs et le sucre, puis répartissez le mélange dans les quatre ramequins avec la base de caramel maintenant refroidie. Astuce : versez préalablement la préparation de la crème dans un tamis pour filtrer les morceaux de la gousse de vanille.

4) Versez de l'eau chaude dans le plat de cuisson de façon à ce que l'eau recouvre la moitié des ramequins. Faites ensuite cuire la crème au caramel pendant 25 minutes à 170 °C dans un four à convection, puis mettez-la au frais pendant 1 h 30.

5) Utilisez maintenant le reste du caramel pour la décoration : placez quatre récipients à l'envers sur du papier sulfurisé et badigeonnez l'extérieur d'huile. Ensuite, prenez un peu de caramel avec une cuillère en bois et étalez-le en zigzag rapide sur le fond des récipients de façon à créer des fils tout fins de caramel.

6) Laissez sécher le caramel et coupez soigneusement les fils autour du moule avec des ciseaux.

7) Retournez soigneusement les crèmes au caramel sur de petites assiettes et placez les grilles de caramel dessus.

https://www.bonap.fr/flan-deco-caramel/

# Gâteau de crêpes à la mangue

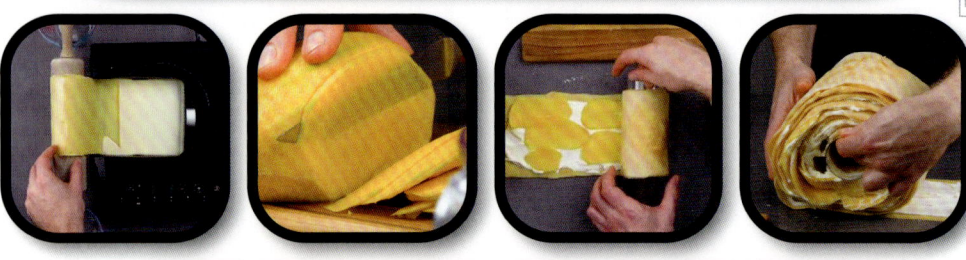

## Ingrédients

3 mangues

**Pour la pâte à crêpes :**
1 L de lait
500 g de farine
6 œufs
2 c. à s. d'arôme vanille
1 pincée de sel

**Pour la crème au fromage frais :**
600 g de fromage frais
200 g de sucre glace
3 c. à s. de jus de citron
5 feuilles de gélatine humides

**Pour la purée de mangue :**
Reste des mangues
1–2 c. à s. de sucre
100 ml de jus d'orange

**Pour le glaçage à la mangue :**
150 ml de lait concentré
Purée de mangues
200 g de confiture de mangue
6 feuilles de gélatine humides

**Aussi :**
Cubes de mangue et chocolat pour la décoration
Rouleau à pâtisserie
Grand verre
Poêle carrée
(type poêle à raclette)

Préparation : env. 45 min    Portions : 6–8
Cuisson : 3 min à la poêle par crêpe
Repos : 1 h + toute une nuit

# Aux fourneaux !

1) Mélangez tous les ingrédients de la pâte à crêpes pour obtenir un liquide crémeux. Ensuite, faites-les cuire dans une poêle carrée ou rectangulaire. Lorsque la première face de la première crêpe est cuite, enroulez-en les 2/3 sur un rouleau à pâtisserie et laissez dépassez le reste de la pâte dans la poêle. Versez à nouveau de la pâte à crêpes dans la poêle. Elle doit rejoindre la précédente crêpe cuite. Répétez ce processus jusqu'à ce que toutes les crêpes forment un grand rouleau.

2) Épluchez les mangues et coupez-les en fines tranches. Retirez également la pulpe du noyau, elle est nécessaire pour la purée de mangue.

3) Pour la crème, mélangez le fromage frais avec le sucre glace ; si vous ajoutez cinq feuilles de gélatine, la crème deviendra vraiment ferme. Déroulez maintenant une couche de crêpes du rouleau à pâtisserie et enroulez-les immédiatement autour d'un verre graissé. Badigeonnez la surface des crêpes entre le rouleau et le verre morceau par morceau avec la crème et recouvrez-la de tranches de mangue.

4) Placez le roulé de crêpe garni de tranches de mangue en position verticale, le verre encore au milieu, et enrobez-le complètement avec le reste de la crème ; placez-le au réfrigérateur pendant environ une heure.

5) Pendant ce temps, faites chauffer tous les restes de mangue avec le sucre et le jus d'orange dans une casserole jusqu'à ce qu'ils soient tendres ; puis réduisez le mélange en purée et laissez-le refroidir.

6) Sortez délicatement le verre du roulé de crêpes et remplissez le trou avec environ un tiers de la purée de mangue.

7) Trempez la gélatine dans l'eau pour le glaçage à la mangue. Faites chauffer le reste des ingrédients dans une casserole, puis ajoutez la gélatine et mélangez le tout. Laissez le glaçage refroidir un peu avant de le verser sur le gâteau. Ensuite, placez le gâteau au réfrigérateur pendant quelques heures, de préférence toute une nuit. Avant de servir, décorez avec des cubes de mangue et du chocolat.

https://www.bonap.fr/gateau-crepes-mangue/

# Mille feuilles facile

## Ingrédients

1 pâte feuilleté
(20 x 30 cm)
Sucre

**Pour la crème :**
500 ml de lait
6 jaunes d'œufs
1 gousse de vanille
120 g de sucre
50 g de Maïzena
50 g de beurre

**Pour le glaçage :**
125 g de sucre glace
2 c. à s. de citron
30 g de chocolat noir

Préparation : env. 15 min   Portions : 2-4
Cuisson au four : 25 min à 190 °C

# Aux fourneaux !

1) Prenez une plaque à pâtisserie, retournez-la, dépose-y du papier sulfurisé et étalez la pâte feuilletée. Si les bords dépassent de la plaque, coupez-les. Saupoudrez de sucre.

2) Recouvrez la pâte feuilletée de papier sulfurisé et posez une autre plaque de cuisson sur la pâte. Mettez maintenant le tout dans le four préchauffé à 190 °C pendant 25 minutes.

3) Sortez la pâte feuilletée du four et laissez refroidir. Maintenant, coupez-la en quatre rectangles égaux que vous déposez ensuite sur une grille.

4) Portez le lait à ébullition avec la pulpe d'une gousse de vanille dans une casserole. Laissez mijoter le lait pendant environ 10 minutes. Mélangez les jaunes d'œufs avec le sucre et la Maïzena dans un saladier. Ajoutez le mélange d'œufs au lait dans la casserole et faites bouillir à feu moyen en remuant constamment. Ajoutez enfin le beurre mou pour obtenir une crème lisse. Laissez ensuite refroidir complètement.

5) Lorsque la crème est complètement refroidie, étalez-la à la cuillère sur trois des quatre rectangles de pâte feuilletée.

6) Ajoutez le jus de citron au sucre glace et mélangez les deux ingrédients pour obtenir un glaçage lisse. Versez le glaçage sur le quatrième morceau de pâte feuilletée et lissez.

7) Enfin, versez le chocolat fondu en traits fin sur le glaçage à l'aide d'une cuillère. Traversez les traits de chocolats à l'aide d'un couteau à leur perpendiculaire.

8) Vous pouvez maintenant empiler les quatre rectangles les uns sur les autres. Déposez le morceau de pâte feuilletée avec le glaçage sur le dessus.

https://www.bonap.fr/mille-feuille/

# Pudding volcanique

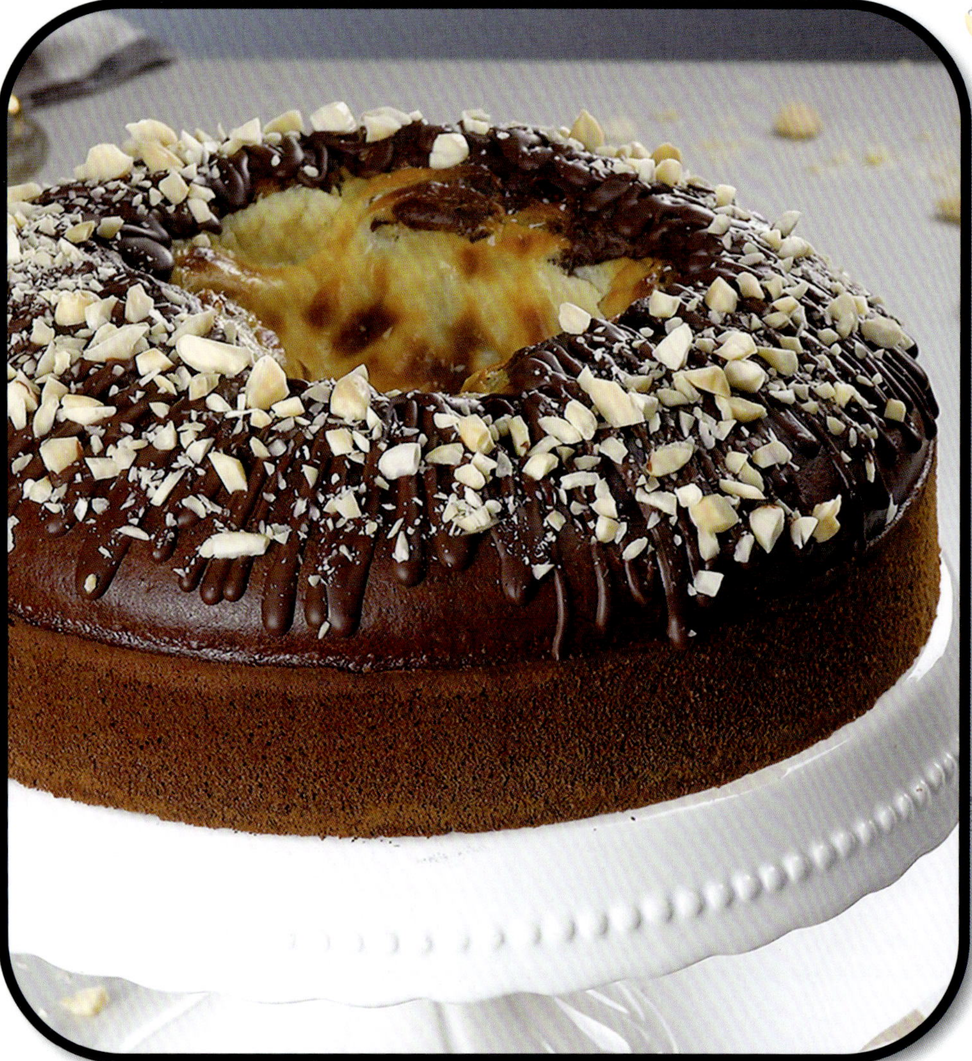

## Ingrédients

**Pour le pudding :**
- 1 œuf
- 100 g de sucre
- 60 g de Maïzena
- 1 c. à c. d'arôme vanille
- 600 ml de lait
- 50 g de beurre froid

**Pour la pâte :**
- 4 œufs
- 120 g de sucre
- 1 pincée de sel
- 150 ml de lait à température ambiante
- 75 ml d'huile végétale
- 300 g de farine tamisée
- 30 g de cacao
- 10 g de levure chimique

**Pour le glaçage :**
- Du chocolat pâtissier
- 80 g d'amandes hachées

Moule à charnière (ø 22 cm)

Préparation : env. 30 min   Portions : 6-8
Cuisson au four : 40 min à 180 °C   Repos : 3-4 h

# Aux fourneaux !

1) Commençons par le pudding : mélangez l'œuf avec le sucre, la vanille, la Maïzena et 3 à 4 cuillères à soupe de lait. Ajoutez ensuite le reste du lait et faites chauffer le tout en remuant constamment. Lorsque le pudding est crémeux et qu'il n'y a plus de grumeaux, retirez-le du feu et ajoutez le beurre en remuant. Recouvrez le tout de film alimentaire et laissez le refroidir un peu.

2) Pour la pâte, battez les œufs avec le sucre et le sel jusqu'à ce qu'ils soient bien mousseux. Ajoutez le lait et l'huile, puis la farine, le cacao et la levure chimique. Cet enchaînement garantit un résultat optimal.

3) Mettez la pâte au chocolat dans le moule à charnière graissé. Placez le pudding refroidi par dessus et au centre du moule à l'aide d'une cuillère.

4) Enfournez à 180 °C, en mode convection, pendant 40 minutes. Retirez la peau foncée du pudding après la cuisson. Laissez le gâteau refroidir pendant plusieurs heures.

5) Faites fondre le chocolat pâtissier et nappez le gâteau avec. Hachez quelques amandes et saupoudrez-les sur le chocolat fondu.

https://www.bonap.fr/volcan-pudding/

# Roulé de génoise crémeux aux pommes caramélisées

## Ingrédients

**Pour la génoise :**
5 œufs
1 jaune d'œuf
150 g de sucre
1 c. à c. d'arôme vanille
1 pincée de sel
140 g de farine
10 g de cacao en poudre
1 c. à c. de levure
  chimique
1 c. à c. de cannelle
Noix de muscade

**Pour la garniture :**
4 pommes
  (Granny Smith)
30 g de sucre
30 g de beurre

**Pour la crème :**
400 g de crème
1/2 c. à c. de cannelle
20 g de sucre glace

**Aussi :**
Env. 100 g de sauce
  caramel
Sucre
Plaque à pâtisserie
(29 x 44 cm)
Cure-dents ou brochette
Torchon

Préparation : env. 45 min   Portions : 6-8
Cuisson au four : 14 min à 180 °C

# Aux fourneaux !

1) Préparez d'abord la génoise. Mettez le sucre, les œufs, le jaune d'œuf, l'arôme de vanille et une pincée de sel dans un saladier et mélangez le tout avec un batteur électrique pendant environ 5 minutes pour obtenir une masse mousseuse.

2) Tamisez la farine, le cacao, la cannelle, la levure chimique et la noix de muscade dans la pâte et mélangez.

3) Versez maintenant la pâte sur une plaque à pâtisserie recouverte de papier sulfurisé et étalez-la uniformément. Placez la plaque au four à 180 °C pendant 14 minutes.

4) Étalez un torchon propre devant vous et saupoudrez-le d'un peu de sucre. Retournez la pâte cuite de la plaque de cuisson sur le torchon sucré. Roulez la pâte à l'aide du torchon et laissez-la refroidir comme ça.

5) Épluchez les pommes et coupez-les en petits morceaux. Mettez le beurre dans une casserole et ajoutez le sucre. Faites cuire les pommes dans le mélange de 4 à 5 minutes. Mettez-les de côté et laissez-les refroidir un peu.

6) Pour la crème, ajoutez de la cannelle et du sucre glace à la crème et fouettez le tout à l'aide d'un batteur électrique. Déroulez à nouveau la génoise refroidie et étalez la crème dessus.

7) Mettez les pommes caramélisées sur la crème et étalez la sauce caramel dessus (gardez un peu de sauce pour la décoration finale). Veillez à laisser un des bord les plus courts sans pommes, sur environ 5 cm.

8) Roulez le tout ensemble en commençant par le côté où se trouvent les pommes dispersées jusqu'au bord. Recouvrez ensuite le rouleau avec le reste de la crème.

9) Versez la sauce caramel en traits fins sur le rouleau et dessinez un motif dans le sens de la longueur à l'aide d'un cure-dents ou d'une brochette.

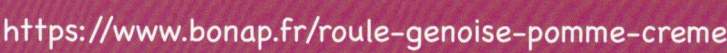

https://www.bonap.fr/roule-genoise-pomme-creme/

# Pudding biscuité et rayé

## Ingrédients

22 boudoirs
36 biscuits Petit Beurre
 au chocolat
250 ml de lait
**Pour le pudding :**
 175 cl de lait
 75 g de farine
 245 g de sucre
 80 g de fécule
 1 œuf
 Zeste de citron
Moule à gâteau
(23 x 23 cm)
Papier

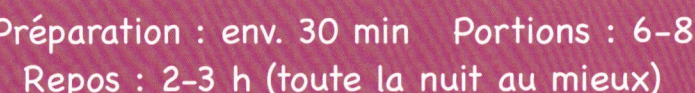

Préparation : env. 30 min   Portions : 6-8
Repos : 2-3 h (toute la nuit au mieux)

# Aux fourneaux !

1) Recouvrez le moule de papier sulfurisé. Placez un objet en dessous de manière à ce qu'il soit penché. De cette façon, les biscuits ne tomberont pas plus tard lorsque vous les mettrez à la verticale à l'intérieur.

2) Trempez 3 boudoirs dans le lait et placez-les au fond du moule, accolés à l'un des bords.

3) Placez 4 biscuits au chocolat (sans les tremper dans du lait) debout devant les boudoirs. 2 à l'horizontale et 2 à la verticale, en alternant à chaque fois.

4) Répétez ces deux étapes jusqu'à remplir le moule.

5) Dans une casserole, mettez le lait, la farine, le sucre, la fécule, l'œuf, la vanille et le zeste de citron, mélangez le tout et portez à ébullition. Lorsque le pudding a une consistance crémeuse, retirez-le du feu.

6) Versez le pudding dans le moule à gâteau sur les biscuits et les boudoirs. Placez le gâteau au réfrigérateur pendant au moins 2 à 3 heures. C'est encore mieux si vous pouvez le laisser toute la nuit.

7) Pour créer une décoration originale à rayures, découpez des bandes de papier de même largeur sur une feuille. Placez les bandes sur le gâteau et saupoudrez de cacao en poudre à travers un tamis. Retirez les bandes de papier avec précaution.

https://www.bonap.fr/gateau-pudding-raye/

# Gâteau à la noix de coco fourré à la crème

## Ingrédients

**Pour la pâte :**
4 œufs
220 g de sucre
240 g de farine
110 ml de lait
1 c. à s. de levure chimique
Margarine pour graisser le moule

**Pour le mélange de laits :**
150 ml de lait concentré
240 ml de lait
120 ml de lait de coco

**Pour le glaçage fondant :**
240 g de beurre
200 g de chocolat blanc
320 g de lait concentré
80 g de lait de coco
80 g de flocons de noix de coco
Brochette
Moule à savarin (ø 24 cm)

Préparation : env. 30 min   Portions : 6-8
Cuisson au four : 40 min à 180 °C   Repos : 24 h

# Aux fourneaux !

1) Séparez 4 œufs et battez les blancs dans un saladier. Ajoutez graduellement le sucre et mélangez à l'aide d'un batteur manuel pour obtenir une meringue ferme. Ajoutez ensuite les jaunes d'œufs l'un après l'autre. Finissez par la farine, le lait et la levure chimique et mélangez le tout.

2) Versez la pâte dans un moule à savarin graissé et enfournez à 180 °C pendant 40 minutes, à chaleur tournante.

3) Une fois cuit, laissez le gâteau dans le moule et piquez-le plusieurs fois avec une brochette en bois.

4) Mélangez le lait avec le lait condensé sucré et le lait de coco. Versez soigneusement avec une cuillère dans les trous que vous avez percés dans le gâteau. Mettez ensuite le gâteau au réfrigérateur pendant 24 heures.

5) Mettez le beurre dans une casserole et laissez-le fondre. Ajoutez le chocolat blanc, puis le mélange de laits et les flocons de noix de coco (gardez-en un peu pour saupoudrer sur le gâteau). Mélangez le tout avec un mixeur plongeur jusqu'à l'obtention d'une crème lisse et laissez refroidir.

6) Retournez le gâteau pour le démouler et versez le glaçage au milieu jusqu'à ce qu'il déborde. Saupoudrez le tout de flocons de noix de coco.

https://www.bonap.fr/gateau-volcan-de-coco/

# Cheesecake de Kinder Surprise et fruits rouges

## Ingrédients

**Pour la base :**
400 g de noisettes pelées
150 g de chocolat au lait fondu

**Pour la crème au fromage frais :**
900 g de fromage frais
1 c. à s. d'arôme vanille
5 feuilles de gélatine (optionnel)

**Pour la garniture :**
300 g de framboises
2 c. à s. de confiture de framboises
10 Kinder Surprise
5 boules de glace à la mûre

**Pour la sauce au chocolat :**
250 ml d'eau
100 g de cassonade
120 g de cacao en poudre
2 Kinder Surprise émiettés
Framboises pour décorer
Moule à charnière (ø env. 22 cm)

Préparation : env. 40 min   Portions : 6-8
Cuisson au four : 10 min à 180 °C   Repos : 4 h

# Aux fourneaux !

1) Commencez par faire griller les noisettes : placez-les dans le four sur une plaque de cuisson recouverte de papier sulfurisé et faites-les griller pendant 10 minutes à 180 °C, à chaleur tournante. Pendant ce temps, faites fondre le chocolat au lait. Secouez les noisettes dans un chiffon pour enlever leur coque. Déposez du papier sulfurisé dans un moule à charnière, mettez les noisettes dedans et étalez le chocolat fondu uniformément dessus. Laissez refroidir.

2) Mélangez au batteur le fromage frais avec l'arôme de vanille jusqu'à l'obtention d'un mélange crémeux. Pour que le gâteau tienne bien par la suite, vous pouvez utiliser 5 feuilles de gélatine préalablement ramolies. Versez le mélange dans le moule à charnière.

3) Mélangez les framboises avec la confiture de framboises et écrasez le tout avec une fourchette. Coupez les Kinder Surprise en deux et remplissez les moitiés avec la confiture de framboises.

4) Chauffez un couteau que vous passez sur les bords des moitiés d'œuf pour les recoller ensemble. Pressez ensuite les Kinder Surprise garnis dans la masse de fromage frais du moule à charnière.

5) Placez 5 moitiés de Kinder Surprise entre les œufs garnis et pressez-les dans la crème jusqu'au bord. Maintenant, mettez le gâteau au frais pendant environ 4 heures.

6) Avant de servir, préparez la sauce chocolat : commencez par faire bouillir l'eau, puis dissolvez le sucre dedans, ajoutez la poudre de cacao et laissez bouillir le tout en remuant. Enfin, émiettez le chocolat de deux Kinder Surprise dans la sauce et laissez fondre. Continuez de remuer pour obtenir une sauce chocolatée crémeuse.

7) Au moment de servir, ajoutez une boule de glace à la mûre dans chacune des moitiés d'œuf et placez l'autre moitié du Kinder Surprise par-dessus. Décorez le gâteau avec des noisettes concassées et des framboises. Une fois chaque part dans l'assiette, versez ce chocolat fondu sur les œufs au dessus du gâteaux pour faire fondre leur coquille et révéler la glace aux mûres au grand jour !

https://www.bonap.fr/cheesecake-kinder-fruits-rouges/

# Gâteau revolver aux deux chocolats

## Ingrédients

**Pour le gâteau :**
8 œufs
400 g de sucre
400 g de farine
80 g de poudre de cacao
2 c. à s. de levure chimique
220 ml de lait

**Pour la ganache au chocolat blanc :**
300 g de crème
600 g de chocolat blanc

**Pour la déco :**
Crème fouettée
Fruits rouges
Copeaux de chocolat blanc
Bouteille de Coca-Cola vide
Verre à shooters
Casserole allant au four (ø : 20 cm, hauteur : 12 cm)

Préparation : env. 30 min   Portions : 8
Cuisson au four : 90 min à 175 °C

# Aux fourneaux !

1) Séparez les œufs, battez les blancs et ajoutez progressivement le sucre. Continuez à battre pour obtenir une meringue ferme et ajoutez-y les jaunes petit à petit. Tamisez la farine, le cacao et la levure chimique dans ce mélange. Enfin, ajoutez le lait et travaillez soigneusement l'appareil.

2) Graissez la casserole avec du beurre et saupoudrez-la de farine avant d'y verser la pâte du gâteau. Mettez le tout dans un four préchauffé et faites cuire pendant 90 minutes à 175 °C, en mode convection. En attendant, vous pouvez préparer la ganache au chocolat blanc : faites fondre chocolat blanc haché dans la crème. Émulsionnez avec un batteur et laissez la ganache refroidir un peu.

3) Coupez le dessus du gâteau dans la casserole et retournez-le pendant qu'il est encore chaud. Laissez-le ensuite refroidir.

4) Coupez le gâteau en 3 niveaux si possible de la même épaisseur.

5) Avec un petit verre à shooters, faites 5 trous dans le gâteau. Gardez la pâte à gâteau retirée, vous en aurez besoin plus tard pour la décoration.

6) Insérez un verre au milieu du gâteau, mais ne le retirez pas pour l'instant. Découpez ensuite la partie inférieure d'une bouteille de Coca-Cola et placez-la au milieu du gâteau, le fond de la bouteille vers le haut.

7) Versez avec précaution la ganache au chocolat blanc au centre du fond de la bouteille de manière à ce qu'elle coule uniformément dans les 5 trous du gâteau. Utilisez environ 1/4 du chocolat blanc pour ce processus.

8) Tournez ensemble les deux tranches supérieures du gâteau et refaites couler un quart de chocolat blanc dans les trous.

9) Tournez à nouveau uniquement la tranche de gâteau supérieure sur le côté et versez une autre fournée de chocolat blanc dans les trous.

10) Retirez maintenant le fond de la bouteille et le verre du gâteau avant de verser le quart restant de chocolat blanc dans le trou central encore vide.

11) Pour finir, étalez la crème fouettée sur l'ensemble du gâteau et saupoudrez des miettes des verres à shooters mises de côté. Décorez avec les fruits frais et les copeaux chocolat blanc.

https://www.bonap.fr/gateau-double-chocolat/

# Tarte tressée aux fruits rouges et à la crème

## Ingrédients

**Pour la pâte levée :**
580 g de farine
250 ml de lait tiède
7 g de levure de boulanger
1 œuf
100 g de sucre
60 g de beurre mou

**Pour badigeonner la pâte :**
1 œuf
2 cuillères à soupe de lait

**Pour la crème :**
460 g de fromage frais
100 g de sucre
1 œuf
1 c. à s. de fécule
Pulpe d'une gousse de vanille

**Pour la garniture :**
Fruits rouges
Sucre glace
Couvercle d'une grande casserole ou poêle

Préparation : env. 40 min    Portions : 8
Cuisson au four : 30 à 35 min à 160 °C
Repos : 45 min + 15 min

# Aux fourneaux !

1) Mélangez le lait avec la levure puis pétrissez le mélange avec la farine, l'œuf, le sucre et le beurre pour préparer la pâte levée. Mettez-la dans un saladier, dès qu'elle ne colle plus à vos mains pendant le pétrissage, couvrez le tout et laissez reposer pendant 45 minutes.

2) Une fois la pâte levée, étalez-la en cercle sur une surface farinée et pressez un grand couvercle au milieu.

3) Coupez la pâte à l'extérieur du couvercle en petites franges.

4) Pour tresser les franges : rabattez une première frange sur le centre de la pâte. Sautez la frange d'à côté et rabattez la suivante sur la première. Rabattez ensuite la frange sautée sur la deuxième rabattue. Rabattez ensuite la frange d'à côté par dessus et ainsi de suite. Lorsque le tressage est terminé, laissez la pâte reposer pendant 15 minutes.

5) Plantez une fourchette sur toute la surface centrale de la pâte. Mélangez l'œuf et le lait et badigeonner la tresse avec.

6) Mélangez tous les ingrédients pour la crème et étalez-les au centre de la pâte.

7) Enfournez le tout pendant 30 à 35 minutes à 160 °C, à chaleur tournante. Laissez refroidir avant de garnir de fruits rouges et saupoudrez de sucre glace avant de servir.

https://www.bonap.fr/tresse-fromage-et-baie/

# Gâteau galaxie

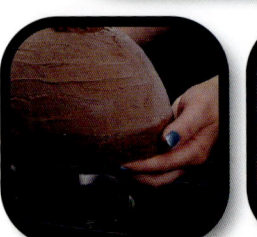   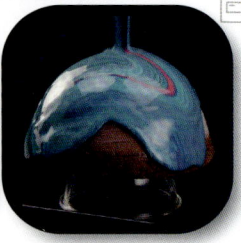

## Ingrédients

**Pour le gâteau au chocolat :**
 4 œufs
 150 g de sucre en poudre
 170 g de beurre fondu
 170 g de chocolat noir fondu
 140 g de farine
 1 c. à c. de levure chimique
 1 pincée de sel

**Pour la mousse :**
 200 g de chocolat noir
 700 g de crème
 80 g de sucre glace

**Pour le glaçage :**
 300 ml d'eau
 340 g de sucre
 400 g de lait concentré
 740 g de chocolat blanc
 8 feuilles de gélatine
 Colorants alimentaires

**Pour la déco :**
 Étoiles de sucre
 Paillettes comestibles
 Moule à gâteau carré (20 x 20 cm min)
 Saladier (ø 20 cm)
 6 bols et petits saladiers de tailles différentes

Préparation : env. 40 min    Portions : 8
Cuisson au four : 40 min à 180 °C
Repos : 24 h au congélateur

# Aux fourneaux !

1) Pour le gâteau au chocolat, battez les œufs et le sucre glace jusqu'à obtenir une consistance mousseuse puis ajoutez le beurre fondu et le chocolat. Mélangez bien. Versez ensuite les ingrédients secs, mélangez puis mettez dans le moule carré. Enfournez le tout à 180 °C pendant 40 minutes.

2) Sortez le gâteau du four et laissez refroidir. Placez le saladier à l'envers sur le gâteau et coupez tout autour avec un couteau.

3) Pour la mousse, déposez le chocolat noir en copeaux dans le saladier et versez-y 200 g de crème liquide préalablement chauffée pour faire fondre le chocolat. Laissez refroidir le mélange à température ambiante. Battez ensuite les 500 g de crème restants avec le sucre glace afin de former une mousse légèrement épaisse. Versez le mélange dans celui au chocolat et remuez délicatement jusqu'à obtenir un mélange homogène. Placez la base du gâteau au chocolat découpée en cercle au-dessus de la mousse et mettez le tout au congélateur pendant 24 heures.

4) Le lendemain : le glaçage. Dans une casserole, faites chauffer l'eau, le sucre et le lait concentré. Portez à ébullition puis ajoutez le chocolat blanc, les feuilles de gélatine et mixez le tout.

5) Versez le liquide dans 6 bols et petits saladiers de tailles différentes. Versez du colorant alimentaire rouge et bleu dans un récipient pour faire une couleur violette, versez les reste des colorants (bleu clair et foncé, turquoise, rose) distinctement dans les autres récipients. Laissez-en un vierge de tout colorant. Versez l'ensemble des couleurs dans un seul saladier et mélangez très légèrement.

6) Démoulez le gâteau dans le congélateur et déposez-le sur un petit bol, lui-même posé sur une plaque de cuisson.

7) Versez le glaçage sur le gâteau froid en faisant des petits mouvements. Enfin, saupoudrez avec les étoiles et les paillettes comestibles.

https://www.bonap.fr/gateau-de-lespace/

# Brownie aux fraises et crème brigadeiro

## Ingrédients

**Pour le gâteau :**
130 g de beurre
270 g de chocolat noir
50 g de sucre muscovado
90 g de sucre
60 g de farine
40 g de cacao
3 œufs
1/2 c. à c. de bicarbonate de sodium
1/4 c. à c. de levure chimique

**Pour la crème brigadeiro :**
400 ml de lait concentré
30 g de beurre

**Aussi :**
200 g de chocolat au lait fondu
Fraises
Copeaux de chocolat pour décorer
Moule/récipient en plastique (type emballage salade préparée)
Moule rectangulaire

Préparation : env. 40 min
Cuisson au four : 20 min à 175 °C
Repos : 2 x 2 h    Portions : 4

# Aux fourneaux !

1) Tout d'abord, recouvrez complètement l'intérieur du moule ou récipient en plastique avec le chocolat au lait fondu, puis placez-le au réfrigérateur pendant environ 2 heures.

2) Pendant ce temps, préparez le gâteau. Faites fondre le chocolat avec le beurre et ajoutez le sucre muscovado et le sucre normal. Laissez refroidir le mélange et incorporez les œufs. Mélangez la farine avec le cacao, la levure chimique et le bicarbonate de soude, puis remuez le mélange avec le chocolat. Graissez le moule rectangulaire et étalez la pâte dedans. Placez-le au four préchauffé à 175 °C pendant environ 20 minutes. Laissez la pâte refroidir complètement après cuisson.

3) Pour la crème brigadeiro, mettez le beurre et le lait concentré dans une casserole et faites chauffer à feu doux en remuant constamment. Remuer jusqu'à l'obtention d'une consistance crémeuse. Laissez la crème refroidir.

4) Mettez une cuillère à soupe de crème brigadeiro dans le bol en plastique rempli de chocolat et étalez-la sur les parois.

5) Coupez 2 à 3 fraises en tranches et placez-les dans le bol. Mettez une autre cuillère à soupe de crème sur les fraises.

6) Découpez deux cercles dans la pâte à gâteau. Utilisez deux bols de tailles différentes. Reportez-vous au bol en plastique pour connaître leur taille.

7) Placez le plus petit cercle de gâteau sur la crème dans le bol.

8) Étalez à nouveau une couche de crème et des tranches de fraises sur le cercle de gâteau.

9) Étalez le reste de la crème sur les fraises et placez le grand cercle de gâteau sur le dessus pour terminer.

10) Faites à nouveau fondre le chocolat et versez-le sur le brownie. Placez le tout au réfrigérateur pendant au moins 2 heures. Retirez ensuite le dessert au chocolat du moule en plastique et placez-le à l'envers sur une assiette. Enfin, décorez-le avec des copeaux de chocolat et des fraises.

https://www.bonap.fr/dessert-brownie-fraises/

# Verrine de flan japonais

## Ingrédients

**Pour le caramel :**
100 g de sucre
75 ml d'eau

**Pour la crème :**
900 ml de lait
10 œufs
180 g de sucre
45 g de miel

**Pour la couche supérieure :**
1 œuf
25 g de sucre
25 g de farine
10 g de miel

4 verres

Préparation : env. 30 min   Portions : 4
Cuisson au four : 40 à 45 min à 150 °C   Repos : 4 h au frais

186

# Aux fourneaux !

1) Caramel : mettez le sucre et l'eau dans une casserole et laissez le sucre bouillir jusqu'à ce qu'il se transforme en caramel. Versez le caramel encore chaud, à parts égales, au fond des verres et laissez refroidir.

2) Pour la crème : mettez les œufs, le lait, le sucre et le miel dans un bol et faites chauffer le tout au bain-marie en remuant pour obtenir une crème (elle doit être à environ 75 °C.) Versez la crème à travers un tamis pour qu'il ne reste pas de bulles. Remplissez les verres avec la crème, mais n'allez pas jusqu'au bord.

3) Pour la couche supérieure, battez l'œuf, le sucre et le miel jusqu'à ce qu'ils soient mousseux. Puis ajoutez délicatement la farine et remuez à nouveau. Remplissez tous les verres avec ce mélange à l'aide d'une cuillère.

4) Placez les verres dans un plat ou une casserole allant au four et versez-y de l'eau. Enfournez ensuite les flans à 150 °C pendant environ 40 à 45 minutes. Laissez le flan refroidir au réfrigérateur pendant environ 4 heures.

https://www.bonap.fr/flan-japonais/

# Pancake hollandais

## Ingrédients

**Pour les pancakes :**
4 œufs
1 pincée de sel
1 c. à c. d'arôme vanille
130 g de farine
240 ml de lait
25 g de beurre

**Pour la confiture de fraises :**
250 g de fraises
185 g de sucre gélifiant
1 citron

**Pour la garniture :**
200 g de fraises coupées en deux
Sucre glace
Poêle en fonte (à défaut, un plat allant au four)

Préparation : env. 25 min   Portions : 4-6
Cuisson au four : 20 min à 210 °C

# Aux fourneaux !

1) Faites chauffer le four à 180 °C et enfournez une poêle en fonte.

2) Battez les oeufs dans un saladier et ajoutez l'arôme vanille et le sel. Versez ensuite la farine et mélangez bien pour créer une pâte uniforme. Terminez par le lait et mélangez.

3) Sortez la poêle du four et faites-y fondre le beurre pour qu'il recouvre toute la surface de la poêle. Versez ensuite la pâte dans la poêle et enfournez cette dernière à nouveau dans le four. Faites cuire le pancake pendant environ 20 minutes à 210 °C. À la fin, il doit être bien doré.

4) Nettoyez les fraises et mettez-en 200 g de côté. Enfoncez une paille au centre des fraises qu'il vous reste pour les équeuter facilement. Mettez les fraises dans un bol et couvrez-les avec le sucre gélifiant. Écrasez le tout à l'aide d'un presse-purée, pendant environ 45 secondes. Versez le mélange dans un récipient approprié.

5) Sortez le pancake du four et étalez la confiture au centre. Par dessus, déposez le reste des fraises. Pour finir, saupoudrez un peu de sucre glace.

https://www.bonap.fr/pancake-hollandais/

# Dôme fraisié

## Ingrédients

**Pour la mousse :**
1 kg de fraises
1 c. à s. de jus de citron
300 g de gélatine
150 g de sucre glace
1 c. à c. d'extrait de vanille
750 g de fromage frais
300 g de crème fouettée

**Pour la pâte à biscuit :**
3 œufs
75 g de sucre
25 g de farine d'amande
75 g de farine
1 pincée de sel
Saladier (ø 20 cm)
Moule à charnière
(ø 18 cm)

Préparation : env. 40 min    Portions : 6-8
Cuisson au four : 15 min à 180 °C    Repos : 12 h au frais

# Aux fourneaux !

1) Mettez du film plastique dans un saladier et déposez 750 g de fraises coupé en deux sur le fond et les bords.

2) Réduisez le reste de fraises et le jus de citron en purée dans un autre saladier.

3) Chauffez de l'eau dans une casserole et faites fondre la gélatine dedans. Retirez la casserole du feu, versez deux cuillères à soupe de purée de fraises à l'intérieur et mélangez bien.

4) Versez la mixture dans la purée puis ajoutez le sucre glace, l'extrait de vanille, le fromage frais et la crème fouettée. Mélangez bien jusqu'à obtenir une pâte homogène et versez sur les moitiés de fraises dans le saladier.

5) Pour le biscuit, mélangez d'abord les œufs et le sucre avec un batteur jusqu'à obtenir une mixture presque blanche puis ajoutez les autres ingrédients. Versez la pâte dans le moule à charnière et enfournez pendant 15 minutes à 180 °C.

6) Laissez le biscuit refroidir, retirez-le du moule puis déposez-le au-dessus de la mousse dans le saladier. Mettez le tout au frais pendant 12 heures.

7) Une fois le temps de repos écoulé, retournez le gâteau sur une grande assiette (de façon à avoir les moitiés de fraises vers le haut), découpez et servez !

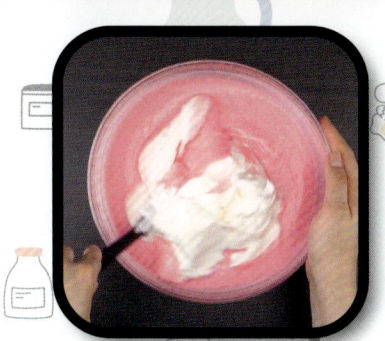

https://www.bonap.fr/dome-fraise/

# Gâteau de la ruche

## Ingrédients

**Pour le fond :**
150 g de biscuits
80 g de beurre liquide

**Pour la gelée à la framboise :**
300 g de framboises
20 g de sucre
250 ml d'eau
1 sachet de gélatine en poudre (env. 12,5 g)

**Pour la gelée au kiwi :**
4 kiwis
20 g de sucre
1 sachet de gélatine en poudre (12,5 g)
250 ml d'eau

**Pour la crème au yaourt :**
50 g de crème chaude
8 feuilles de gélatine humidifiées (26 g)
120 g de sucre
500 g de yaourt
1 c. à c. d'arôme vanille
450 g de crème fouettée

Papier bulle
2 poches à douille
Moule à charnière (ø 24 cm)
Moule à charnière (ø 19 cm)

Préparation : env. 40 min    Portions : 6-8
Repos : 3x 30 min + 15 min + 4 h au frais

# Aux fourneaux !

1) Écrasez les biscuits pour la base et mélangez-les avec le beurre fondu. Étalez le mélange dans le fond du grand moule à charnière et mettez au réfrigérateur pour que l'appareil durcisse.

2) Faites bouillir des framboises avec du sucre dans une marmite et réduisez-les en purée par la suite.

3) Réservez environ 2/3 de la purée de framboises pour plus tard. Mélangez le reste avec de l'eau et de la gélatine en poudre et faites bouillir brièvement. Versez la gelée de framboise chaude dans le petit moule à charnière et mettez au réfrigérateur pour qu'elle refroidisse et durcisse.

4) Répétez la même opération pour préparer la gelée au kiwi, sans oublier d'en mettre de côté. Versez-la ensuite sur la gelée de framboise solidifiée et remettez au réfrigérateur jusqu'à ce que la gelée de kiwi ait également durci.

5) Pour la crème au yaourt, commencez par dissoudre la gélatine dans la crème chaude. Ajoutez ensuite le sucre, le yaourt, l'arôme vanille et la crème fouettée. Recouvrez le fond du biscuit avec la crème au yaourt sur une épaisseur d'environ 2 cm, puis mettez-le au réfrigérateur pendant 15 minutes.

6) Retirez délicatement les deux couches de gelée du petit moule à charnière et placez-les au milieu de la crème au yaourt.

7) Recouvrez maintenant la double couche de gelée avec le reste de la crème au yaourt.

8) Coupez le papier bulle de manière à ce qu'il ait le diamètre du grand moule. Posez-le avec précaution sur la crème de yaourt et pressez légèrement pour que les bulles d'air s'enfoncent dans la crème. Placez le gâteau avec le papier bulle au réfrigérateur pendant au moins 4 heures.

9) Retirez le gâteau du moule à charnière et enlevez soigneusement le papier bulle.

10) Versez les purées de fruits dans une poche à douille et décorez le gâteau avec, en les répartissant dans les différents trous selon le motif que vous souhaitez.

https://www.bonap.fr/gateau-gelatine-creme/

# Dessert de framboise et mousse à la vanille

## Ingrédients

1 gâteau au chocolat déjà cuit

**Pour la garniture aux framboises :**
250 g de framboises surgelées
60 g de sucre glace
Le jus d'une orange

**Pour la mousse :**
150 g de crème liquide chaude
10 feuilles de gélatine
300 g de yaourt
400 g de crème fouettée
90 g de sucre
1 c. à c. d'arôme vanille
6 sablés
200 g de chocolat blanc de couverture
Chantilly
6 framboises fraîches
6 petits bols
Film plastique
6 emporte-pièces (ø 7,5 cm)
Spatule crantée (optionnelle)
Papier sulfurisé (optionnel)

Préparation : env. 30 min    Portions : 6
Repos : 30 min au congélateur + 2 h au frais

# Aux fourneaux !

1) Faites chauffer les framboises, le sucre glace et le jus d'orange dans une casserole et laissez mijoter 5 minutes. Mixez le tout à l'aide d'un mixeur plongeant et faites passer la mixture obtenue à travers un tamis.

2) Mettez du film plastique dans six petits bols et versez le mélange aux framboises dans chacun d'eux. Mettez le tout au congélateur pendant 30 minutes.

3) Utilisez un emporte-pièce pour couper six cercles dans le gâteau au chocolat. Placez les ronds de gâteau dans chacun des 6 emporte-pièces.

4) Pour la mousse, mélangez la crème liquide chaude avec la gélatine à l'aide d'un fouet et laissez le tout refroidir. Dans un autre saladier, mélangez le yaourt, la crème fouettée, le sucre et l'arôme vanille puis ajoutez la mixture gélatineuse préparée.

5) Ajoutez 2 c. à s. de mousse de yaourt sur chaque cercle de gâteau au chocolat et déposez un sablé par-dessus. Sortez les petits bols de framboises du congélateur, retirez-les du papier plastique et placez-les sur la mousse de yaourt. Remplissez ensuite chaque emporte-pièces de mousse et mettez le tout au frais pendant 2 heures.

6) Pour la déco : étalez le chocolat blanc fondu sur du papier sulfurisé. Passez une spatule crantée dessus de façon à former des lignes régulières puis dessinez des motifs ovales avec vos doigts. Récupérez la forme de feuille avec un couteau.

7) Retirez chaque préparation de son moule et décorez avec un peu de chantilly, des framboises fraîches et les feuilles de chocolat blanc.

https://www.bonap.fr/mousse-yaourt-coeur-framboises/

# Mini taupinières au chocolat, coco et bananes

## Ingrédients

**Pour la pâte :**
4 œufs
180 g de sucre
1 c. à s. d'arôme vanille
80 ml d'huile végétale
100 ml de lait
3 c. à s. de cacao
240 g de farine
12 g de levure chimique

**Pour la crème coco :**
400 g de fromage frais
200 ml de lait de coco
3 c. à s. de flocons de coco
1 c. à s. de jus de citron
100 g de sucre glace
150 g de chocolat noir fondu

**Aussi :**
2 bananes
Plaque de cuisson
Papier sulfurisé

Préparation : env. 40 min   Portions : 9
Cuisson au four : 15 min à 180 °C
Repos : 2 x 30 min au frais

# Aux fourneaux !

1) Fouettez le lait de coco avec le sucre glace pour préparer la crème de coco. Ajoutez les autres ingrédients, à l'exception du chocolat, et mettez la crème au frais.

2) Battez les œufs et le sucre jusqu'à ce qu'ils deviennent mousseux, puis ajoutez l'arôme vanille, l'huile et le lait. Enfin, ajoutez le cacao, la farine et la levure chimique. Étalez la pâte sur une plaque de cuisson recouverte de papier sulfurisé et faites cuire au four à 180 °C pendant 15 minutes. Laissez le gâteau refroidir ensuite.

3) Une fois la crème de coco raffermie, faites fondre le chocolat au bain-marie et versez-le dessus. Faites pivoter le saladier avec précaution pour que le chocolat s'étale.

4) Attendez que le chocolat ait durci, cassez-le à la cuillère et mélangez les morceaux à la crème. Mettez le tout à nouveau au frais.

5) Découpez des cercles dans le gâteau avec un verre et retirez-les délicatement de la plaque de cuisson.

6) Coupez les bananes en morceaux et placez un morceau sur chaque cercle de gâteau. Étalez la crème de coco autour du morceau de banane pour former un petit dôme.

7) Émiettez les restes de pâte qui se trouvent encore sur la plaque de cuisson et saupoudrez-les sur les dômes. Vous pouvez également rouler les gâteaux avec précaution dans les miettes. Une fois servis, les morceaux ressemblent alors à de petites taupinières.

https://www.bonap.fr/mini-taupinieres/

# Gâteau arc-en-ciel

## Ingrédients

**Pour la base :**
200 g de biscuits Petit Beurre
80 g de beurre fondu

**Pour la pâte :**
125 g de beurre
250 g de sucre
5 œufs
4 c. à s. de fécule de maïs
50 g de farine
750 g de fromage frais

**Pour les purées de fruits :**
200 g de fraises surgelées
200 g de mangues surgelées
200 g de myrtilles surgelées
200 g de kiwis surgelés
200 g de pêches surgelées
5 x 50 g de sucre
5 x 125 ml d'eau
Moule à charnière
Louche

Préparation : env. 45 min    Portions : 6–8
Cuisson au four : 60 min à 145 °C

# Aux fourneaux !

1) Pour la base du gâteau, émiettez les biscuits et mélangez-les avec le beurre fondu avant de presser le mélange dans le moule à charnière. Mettez au frais.

2) Préparez les différentes purées de fruits : faites d'abord bouillir chaque fruit avec 125 ml d'eau et 50 g sucre pendant 2 à 3 minutes avant de les réduire en purée fine. Laissez ensuite refroidir complètement.

3) Pendant ce temps, préparez la pâte : mélangez le fromage frais, les œufs, le sucre, la farine, la fécule et le beurre. Ensuite, séparez la pâte en deux et divisez une moitié en cinq portions égales.

4) Colorez maintenant les cinq pâtes de même taille avec les purées de fruits.

5) Sortez le moule à charnière du réfrigérateur et remplissez-le alternativement d'une louche de pâte colorée et d'une louche de pâte normale au milieu de la base du gâteau, de manière à former des anneaux colorés. Conseil : pour un résultat parfait, chaque pâte doit être versée environ trois fois.

6) Pour finir, faites cuire le gâteau arc-en-ciel pendant 60 minutes à 145 °C, à chaleur tournante.

https://www.bonap.fr/gateau-fruite-arc-en-ciel/

# Tarte aux roulés de pommes cannelle

## Ingrédients

**Pour la pâte :**
4 rouleaux de pâte feuilletée
2 c. à s. de beurre fondu
8 c. à s. de cannelle

**Pour la garniture :**
10 pommes
170 g de sucre
1 c. à s. de cannelle
3 c. à s. de farine

**Pour le glaçage :**
Jus de citron
Sucre glace
Plat à tarte
Rouleau à pâtisserie

Préparation : env. 30 min    Portions : 8
Cuisson au four : 40 min à 180 °C    Repos : 1 h au frais

# Aux fourneaux !

1) Étalez une pâte feuilletée sur le plan de travail, enduisez-la de beurre fondu et saupoudrez environ 2 cuillères à soupe de cannelle dessus. Enroulez-la dans le sens de la longueur. Répétez la procédure avec toutes les feuilles de pâte feuilletée et laissez les rouleaux au frais pendant 1 heure.

2) Une fois le temps écoulé, coupez chaque rouleau en une vingtaine de morceaux. Dans un plat à tarte graissé, disposez les mini rouleaux de 2 des pâtes feuilletées. Placez-les de l'intérieur vers l'extérieur, puis pressez-les dans le moule pour qu'ils s'assemblent et forment une base et un bord de pâte. Le bord du gâteau peut facilement dépasser du moule. Badigeonnez ensuite toute la surface avec du jaune d'œuf.

3) Épluchez les pommes et coupez-les en tranches fines. Saupoudrez de sucre, de cannelle et de farine et mélangez soigneusement, de préférence avec vos mains. Répartissez la garniture uniformément dans le plat à tarte.

4) Disposez le reste des minis rouleaux en rond sur une grande feuille de papier sulfurisé et placez une deuxième feuille sur le dessus. Aplatissez-les soigneusement à l'aide d'un rouleau à pâtisserie.

5) Enlevez ensuite la feuille supérieure et déposez la pâte de rouleaux sur la garniture aux pommes à la manière d'un couvercle. Appuyez doucement dessus. Retirez ensuite le papier sulfurisé et coupez l'excès de pâte. Enduisez à nouveau la surface avec du jaune d'œuf et enfournez pendant 40 minutes à 180 °C.

6) Pendant que le tout refroidit, mélangez le jus de citron avec le sucre glace pour faire un glaçage. Versez-le sur le gâteau à l'aide d'une cuillère pour décorer.

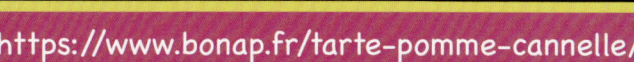
https://www.bonap.fr/tarte-pomme-cannelle/

# Gâteau échiquier

## Ingrédients

**Pour le gâteau blanc :**
400 g de farine
400 g de beurre mou
300 g de sucre
8 œufs
2 pincées de levure
1 c. à s. d'extrait de vanille
1 pincée de sel

**Pour le gâteau noir :**
300 g de farine
400 g de beurre mou
300 g de sucre
8 œufs
2 pincées de levure
1 c. à s. d'extrait de vanille
1 pincée de sel
100 g de cacao en poudre

**Pour la ganache au chocolat au lait :**
1 kg de chocolat de couverture au lait
330 ml de crème
2 moules à gâteaux de la même taille
2 emporte-pièces ronds de taille différentes

Préparation : env. 30 min    Portions : 8
Cuisson au four : 1 h à 160 °C    Repos : 1 h au frais

# Aux fourneaux !

1) Préparez la pâte du gâteau blanc en mélangeant tous les ingrédients dans un saladier. Faites de même pour la pâte du gâteau noir en mélangeant tout dans un deuxième saladier.

2) Mettez les pâtes dans deux moules à gâteau ronds de taille identique : un moule pour la pâte blanche, un autre moule pour la pâte au chocolat. Enfournez ensuite pour 60 minutes à 160 °C.

3) Une fois la cuisson terminée et les gâteaux refroidis à température ambiante, découpez les dessus des gâteaux pour avoir une surface plane et coupez chaque gâteau à l'horizontale en deux parties égales. Disposez chacun des 4 disques sur un plan de travail.

4) Prenez deux emporte-pièces de forme ronde et de tailles différentes. Pressez le plus petit au milieu de chaque rond de gâteau et retirez le milieu. Avec le plus grand emporte-pièce, pressez également par-dessus le trou que vous venez de former sur chaque rond de gâteau. Au final, vous vous retrouvez avec 2 grands, moyens et petits cercles de chaque couleur. Il vous reste à reformer les gâteaux en alternant les couleurs. À la fin, vous avez 4 disques de couleur noire et blanche sur le plan de travail.

5) Pour la ganache, placez le chocolat de couverture coupé en morceaux dans un saladier. Faites chauffer la crème et lorsqu'elle est tiède, versez-la dans le saladier. Laissez le tout fondre et remuez.

6) On passe à l'assemblage du gâteau : posez l'un des 4 disques bicolores sur un plat. Tartinez le dessus avec la ganache. Ajoutez un nouveau disque aux couleurs alternées au premier. Tartinez avec la ganache. Continuez à empiler le gâteau ainsi de suite en alternant les couleurs et en recouvrant chaque disque de ganache. Lorsque vous avez posé le 4e disque, recouvrez tout l'extérieur du gâteau (le dessus et les côtés) avec la ganache restante. Laissez reposer une heure au frais.

https://www.bonap.fr/gateau-echiquier/

# Cheesecake des abeilles

## Ingrédients

**Pour les petites boules de miel :**
- 20 g d'eau chaude
- 60 g de miel
- 3 g de feuilles de gélatine

**Pour la base :**
- 70 g de biscuits Petit Beurre
- 35 g de beurre fondu

**Pour la crème :**
- 1 jaune d'œuf
- 25 ml d'eau
- 35 g de sucre
- 20 g de miel
- 150 g de fromage frais
- 6 g de feuilles de gélatine
- 5 ml de jus de citron
- 300 g de crème fouettée

**Aussi :**
- Miel pour décorer
- Colorant alimentaire jaune
- Moule à charnière (ø 16 cm)
- Moule en silicone en demi sphères
- Papier bulle

Préparation : env. 40 min    Portions : 6-8
Repos : 2 h congélateur + 30 min au frais + 30 min + 2 h au frais

# Aux fourneaux !

1) Dissolvez le miel dans de l'eau tiède et ajoutez les feuilles de gélatine préalablement trempées. Mélangez le tout et versez la masse dans le moule en silicone. Gardez au frais pendant au moins 2 heures (au mieux, au congélateur).

2) Émiettez les Petit Beurre et mélangez les miettes avec le beurre fondu. Versez le mélange dans le fond du moule et pressez avec une cuillère. Laissez refroidir le moule pendant 30 minutes.

3) Pour la crème : déposez un saladier avec le jaune d'œuf, l'eau, le sucre, le jus de citron et le miel à l'intérieur sur une casserole remplie d'eau. Faites chauffer au bain-marie et remuez bien le tout. Retirez le saladier de la casserole et ajoutez la gélatine préalablement trempée et le fromage frais. Mélangez le tout et lorsque l'appareil est refroidi (à environ 25 °C), incorporez la crème fouettée.

4) Déposez environ 75 g du mélange crémeux sur le fond de biscuit refroidi et lissez le tout. Étalez les hémisphères de miel préalablement congelés sur la crème. Ajoutez 3/4 du reste de mélange crémeux dans le moule et mettez au frais pendant au moins 30 minutes.

5) Colorez le reste du mélange avec du colorant alimentaire jaune et déposez-le sur le gâteau refroidi. Étalez-le uniformément et couvrez soigneusement avec le papier bulle coupé aux bonnes dimensions. Pressez légèrement pour que le motif apparaisse dans la crème. Mettez ensuite le gâteau au frais pendant 2 heures. Au moment de servir, retirez le papier bulle, démoulez le gâteau et étalez du miel par-dessus.

https://www.bonap.fr/cheesecake-miel/

# Cheesecake élégant aux myrtilles

## Ingrédients

**Pour la base :**
- 85 g de biscuits Petit Beurre
- 50 g de beurre liquide

**Pour la crème au fromage frais :**
- 250 g de fromage frais
- 40 g de sucre
- 1 c. à s. de jus de citron
- 100 g de yaourt
- 200 ml de crème chaude
- 5 feuilles de gélatine

**Pour les myrtilles :**
- 200 g de myrtilles congelées
- 40 g de sucre
- 2 feuilles de gélatine

Moule à charnière (ø 16 cm)

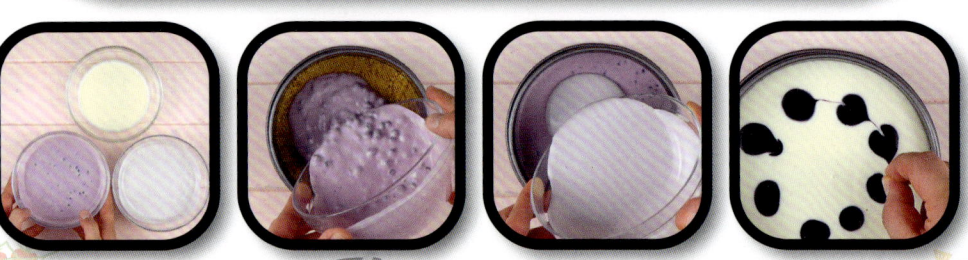

Préparation : env. 30 min   Portions : 6-8
Repos au frais : 1 h + 3 x env. 30 min au frais + 4 h (toute la nuit au mieux)

206

# Aux fourneaux !

1) Émiettez les biscuits et mélangez-les avec le beurre liquide. Posez-les ensuite au fond du moule à charnière. Placez-le dans le réfrigérateur pendant environ une heure pour permettre à la base de durcir.

2) Mélangez le fromage frais avec le sucre, le jus de citron et le yaourt. Trempez 5 feuilles de gélatine dans de l'eau froide et ajoutez-les à la crème chaude avant de les mélanger au fromage frais.

3) Répartissez le fromage frais en parts égales dans trois bols.

4) Réchauffez les myrtilles avec le sucre au micro-ondes. Trempez deux feuilles de gélatine dans de l'eau froide et mélangez-les aux myrtilles.

5) Séparez les myrtilles et le jus avec une passoire. Mélangez ensuite uniquement les myrtilles dans un des trois bols et 2 cuillères à soupe de jus dans un autre. Ne mélangez rien dans le dernier.

6) Versez le mélange de fromage frais avec les myrtilles sur la base dans le moule à gâteau. Placez le tout au réfrigérateur jusqu'à ce que le mélange durcisse.

7) Versez ensuite le mélange de fromage frais avec le jus de myrtille dans le moule à gâteau. Remettez le tout au réfrigérateur jusqu'à ce que la deuxième couche durcisse.

8) Enfin, versez le dernier saladier dans le moule et faites durcir à nouveau au réfrigérateur.

9) Décorez le fromage frais avec des points à l'aide d'une cuillère avec le reste de la sauce aux myrtilles. Reliez les points avec un cure-dent pour former de jolis cœurs.

10) Placez le gâteau au réfrigérateur pendant au moins 4 heures, de préférence toute la nuit. Avant de servir, décorez-le avec des myrtilles.

https://www.bonap.fr/gateau-myrtilles-sans-four/

# Couronne au Nutella

## Ingrédients

**Pour la couronne :**
300 g de farine
7 g de levure sèche
140 ml d'eau tiède
1 c. à s. de sucre
4 c. à s. d'huile végétale
1 pincée de sel
Jaune d'œuf
**Pour la garniture :**
200 g de Nutella
**Pour la déco :**
Feuilles de menthe
   fraîche
Groseilles
Myrtilles
Sucre glace

Préparation : env. 30 min   Portions : 6-8
Cuisson au four : 25 min à 170 °C   Repos : 10 min + 1 h

# Aux fourneaux !

1) Commencez par préparer la pâte en mélangeant la levure, l'eau et le sucre. Laissez reposer pendant 10 minutes puis versez le tout dans la farine avant de pétrir avec vos mains. Ajoutez l'huile et le sel pour former une pâte et laissez reposer pendant 1 heure.

2) Étalez la pâte sur le plan de travail enfariné puis répartissez les 200 g de Nutella sur l'ensemble. Roulez-la des deux côtés vers le milieu pour former deux rouleaux égaux. Séparez les deux rouleaux en les coupant entre eux.

3) Disposez les rouleaux de façon à former un cercle sur une plaque allant au four et recouverte de papier sulfurisé.

4) Faites des incisions en diagonale à 1,5-2 cm d'intervalle à l'aide de ciseaux, sans couper la pâte entièrement, puis séparez les parties d'un côté puis de l'autre de façon à former les épis de la couronne.

5) Enduisez la couronne de jaune d'œuf et enfournez le tout à 170 °C pendant 25 minutes.

6) Mettez la couronne dans une assiette et placez un récipient rempli de Nutella au milieu puis ajoutez les fruits et le sucre en poudre pour sublimer le tout.

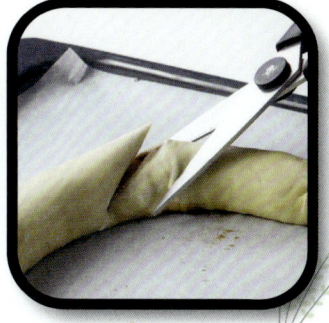

https://www.bonap.fr/couronne-au-nutella/

# Gâteau pastèque

## Ingrédients

1/4 de pastèque
50 ml d'eau
50 g de sucre
12 feuilles de gélatine
2 c. à s. de pastilles de
  chocolat noir
350 g de chocolat blanc
1 c. à c. de colorant
  alimentaire vert
  (en poudre)
250 g de crème fouettée
1 base ronde de gâteau
  génoise (ø 18 cm,
  hauteur : env. 1 cm)

**Aussi :**
  Moule en silicone
  (ø 20 cm) type saladier
Pinceau

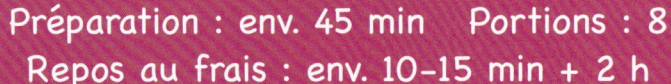

Préparation : env. 45 min   Portions : 8
Repos au frais : env. 10–15 min + 2 h

# Aux fourneaux !

1) Coupez le quartier de pastèque en petits morceaux que vous mettez dans un mixeur. Mettez la purée obtenue de côté.

2) Faites bouillir le sucre avec de l'eau. Ajoutez la gélatine (trempée au préalable) et remuez jusqu'à ce qu'elle soit diluée. Ajoutez la purée de pastèque, versez le tout dans un moule et mettez au réfrigérateur pendant environ 10-15 minutes.

3) Faites fondre le chocolat blanc. À l'aide d'un pinceau, dessinez de légères bandes de chocolat dans le moule en silicone et laissez sécher.

4) Colorez le reste du chocolat blanc avec le colorant alimentaire vert et versez le mélange dans le moule en silicone en le faisant tourner pour qu'il recouvre toute la paroi du moule. Laissez sécher brièvement le chocolat à température ambiante puis mettez au réfrigérateur.

5) Lorsque le chocolat est suffisamment ferme, sortez le moule du réfrigérateur. Fouettez la crème jusqu'à ce qu'elle soit ferme et répartissez-la uniformément sur les bords du moule en silicone. Laissez un espace d'environ 1 cm en haut pour la base du gâteau éponge. Sortez la purée de pastèque du réfrigérateur, ajoutez les pastilles au chocolat et mélangez-les à la purée. La purée est ensuite versée par dessus la crème fouettée dans le moule.

6) Enfin, placez la base du gâteau éponge sur le dessus. Couvrez le moule et mettez-le au réfrigérateur pendant au moins 2 heures.

https://www.bonap.fr/pasteque-en-patisserie/

# Gâteau aux fruits rouges

Préparation : env. 45 min    Portions : 6–8
Cuisson au four : 60 min à 175 °C
Repos : 1 h à température ambiante + 1 h au frais

## Ingrédients

**Pour la base du gâteau :**
350 g de biscuits
150 ml de lait

**Pour la pâte à gâteau :**
4 œufs
250 g de sucre
250 g de farine
1/2 c. à c. de levure
  chimique
250 g de beurre à
  température ambiante
1 pincée de sel

**Pour la garniture :**
400 g de fruits rouges
  (fraises, framboises,
  mûres, groseilles,
  myrtilles)
50 ml de jus de citron
50 g de sucre
12,5 g de gélatine à la
  framboise en poudre

**Pour le glaçage :**
250 g de fromage frais
3 c. à s. de sucre glace
2 c. à c. de crème
  épaisse
200 g de crème fouettée
Moule à charnière
  (ø 26,5 cm)
5 verres
  (ø bas : 5 cm,
  ø haut : 7,5 cm,
  hauteur : 7,5 cm)

# Aux fourneaux !

1) Mettez les biscuits dans un mixeur et mélangez jusqu'à ce qu'ils soient en miettes. Ajoutez le lait et mélangez jusqu'à l'obtention d'une masse collante.

2) Recouvrez le fond du moule de papier sulfurisé et graissez le bord. Étalez la masse de biscuits au fond et pressez-la à plat avec une cuillère.

3) Maintenant, préparez la pâte. Battez les œufs avec le sucre jusqu'à ce qu'ils deviennent mousseux. Dans un saladier, mélangez la farine, la levure et le sel et ajoutez le tout aux œufs mousseux tout en battant. Enfin, ajoutez le beurre ramolli. Versez la pâte dans le moule à gâteau et lissez bien le tout.

4) Graissez les cinq verres avec un peu d'huile avant de les remplir d'un mélange de fruits rouges et ajoutez le sucre et le jus de citron.

5) Placez les verres remplis en cercle dans la pâte à gâteau et faites cuire le tout pendant 60 minutes à 175 °C, en mode convection.

6) Retirez les verres du gâteau après la cuisson. Versez le jus qui s'écoule des verres à travers une passoire dans un petit saladier. Il doit y avoir au moins 500 ml de jus. Si nécessaire, vous pouvez également compléter le liquide avec de l'eau chaude ou du jus de cerise. Ajoutez la gélatine de framboise en poudre au liquide et mélangez bien le tout.

7) Lorsque le gâteau a un peu refroidi, remettez les baies (sans les verres) dans les trous et versez la gelée par-dessus. Laissez refroidir le gâteau pendant environ 1 heure.

8) Préparez maintenant le glaçage. Mélangez le fromage frais avec du sucre glace et de la crème épaisse. Enfin, ajoutez la crème fouettée. Mettez la crème au frais pendant au moins 1 heure.

9) Rincez les verres utilisés et placez-les sur les trous remplis de baies dans le gâteau. Maintenant, étalez la crème sur le gâteau (les verres permettent de s'assurer que la crème ne pénètre pas accidentellement dans les trous des fruits rouges) et lissez bien le tout. Retirez ensuite les verres et saupoudrez le gâteau de copeaux de chocolat au milieu.

https://www.bonap.fr/gateau-fruits-rouges-gelee-creme/

## L'équipe Bon Ap' :

**Direction de la production :**
Marco Ogrzewalla
Patrick Piel
Oliver Taranczewski

**Caméra/Montage :**
Quan Tran
Niklas Thelen
Ju Yong Kim
Michell Domschke
Nico Erbach
Sven Knoche
Debbie Linne

**Montage :**
Steven Peschke
Julia Falero

**Chefs :**
Gregor Brühs
Cristina Renz
Oliver Stilla
Johannes Tschoep

**Rédaction :**
Aurore Gautherin
Florent Wira

**Assistants de production :**
Ina Bauseneik

**Photographie :**
Hanns Schmelzer

## L'équipe d'édition :

**Chargé du Projet Livre :**
Paul McCormick

**Conception et Mise en page :**
Kosuke Nishimoto

**Texte et édition :**
Alexander Schölch
Martin Breit
Benjamin Krüger
Christoph Beck
Paul McCormick

**Traduction :**
Sarah Barrault

**Relecture :**
Sarah Barrault
Aurore Gautherin
Florent Wira

# www.bonap.fr

- facebook.com/bonapfrance
- instagram.com/bonap.fr/
- pinterest.fr/bonapfr/
- youtube.com/c/bonapfrance

Copyright © Media Partisans 2020
Media Partisans GmbH
Berliner Str. 89
14467 Potsdam Germany
ISBN: 978-3-9821688-3-8
Printed in Germany by
Westermann Druck Zwickau GmbH